はじめに

おかっちは、２０１５年にはじめての著作、「２ヶ月でみるみる変わる！　できる親子のコミュニケーション　59の習慣」を出版しました。文字通り、本の内容は親子のコミュニケーションを改善する方法をお伝えました。おかげさまで好評を博し、たくさんの人に読まれています。と同時に、

「もっと知りたい！」

「こういう場合はどうしたらいいですか？」

「おかっちボールコミュニケーションについて、もっと教えて！」

など、本当にたくさんのご意見やご要望を頂戴しました。いつも絶好調のおかっちは、とても嬉しかったです！

そこでこの度、おかっちにとっての二冊目になる本書を出版することになりました。今回は前書以上にわかりやすく、より深くお伝えします。

人の悩みの多くはコミュニケーションです。人間関係ほど難しいものはありません。ま

してや、それが親子となるとなおさらです。でも、難しい課題と思われがちなコミュニケーションも、おかっちにとってはとってもカンタン♪

なぜカンタンなのか。その答えが本書にあります。

また、本書を執筆中に新型コロナが日本のみならず、世界中で猛威を奮いました。「新型コロナショック」と呼ばれる一連の流れは、人々の生活を一変させました。コロナ禍の拡大が社会全体に及ぼす影響は止まることを知らず、誰もがどうやってウィズ・コロナ時代を生きていけば良いのか。さらに、この時代に子どもの未来をつくり、子育ての大切さを今こそ知っていただくために、本書を手に取っていただいたあなたの一助になれば幸いです。

本書ではさらに、「おかっちボールコミュニケーションOBC」の解説もわかりやすく書いています。**おかっちボールコミュニケーションOBCは、いつでも・どこでも・誰でも・カンタンにできるボールコミュニケーションです。おかっちボールコミュニケーションOBCは、**判断を伴うボール運動ですから、脳が活性化しますし、高齢者は認知症の予防や健康寿命の改善にも効果的です。

２０２０年９月に厚生労働省が発表したところによりますと、１００歳以上の高齢者数が、はじめて八万人を突破しました。当然、この傾向はこれからますます強くなるので、認知症の予防や健康寿命について今後ますます大きな社会問題となるでしょう。

おかっちボールコミュニケーションＯＢＣは、話す・聞く・考える・眼の筋肉が動く・足の裏を足踏みで刺激する・投げて捕るから手の運動になります。そして何よりもコミュニケーションを取り、笑いながら運動できます。

子どもと高齢者が一緒に楽しくコミュニケーションできる。それがおかっちボールコミュニケーションＯＢＣ！　しりとりは子どもから高齢者までできますが、しりとりだけだと飽きてしまいます。しかし、ボールコミュニケーションにしりとりを取り入れると飽きません。ずっと笑い声に満ち溢れ、楽しく運動することができます。だから、**おかっちボールコミュニケーションＯＢＣがあればだいじょうぶ！　だいじょうぶ！　だいじょうぶ！**　いつでも・どこでも・誰でも・カンタンにできるボールコミュニケーションで、いつも笑顔いっぱい絶好調！　**笑顔と笑い声は世界を救う！　笑っていたら大抵のことはだいじょうぶ！**

もくじ

ウィズ・コロナ時代に子どもの未来をつくる、子育ての大切さ

おかっちの
これでだいじょうぶ！
だいじょうぶ！

世界一
知りたい
子育てノウハウ

太陽出版

★「だいじょうぶ」は魔法の言葉

3回声に出して「だいじょうぶ」と言ってみよう!

だいじょうぶ!

だいじょうぶ! だいじょうぶ! だいじょうぶ! と3回声に出して言うと何とかなります。ケ・セラ・セラです。

大丈夫の字は、人が3人集まっているから安心する言葉だと言われています。だいじょうぶと声をかけられるとホッとする魔法の言葉です。

自分自身にだいじょうぶと声をかけてもホッとする魔法の言葉なのです。

自分自身にだいじょうぶと声をかけるセルフハグをすると、自信というパワーが出ます。人にも自分にも、沢山のだいじょうぶと声をかけてみましょう!

「だいじょうぶ」には、2種類の意味があるように思います。人に言ってもらう場合は、心配してもらって、確認をすることで安心する。

自分に言い聞かせる場合は、きっとうまくいく。このままで、この調子でいけばうまくいく。と自分に言い聞かせて安心する。

「だいじょうぶ」という言葉は、言ってもらっても、自分で思っても、安心することができるポジティブな言葉です。

ただ、「だいじょうぶ」と言われても、自分自身がそれを受けいれないと半減するように思います。

「だいじょうぶ！」と言い聞かせても、自分自身がそう思っていないと、それは、だいじょうぶはなくて、だいじょうぶかも？　になってしまいます。

特に自分に言い聞かせる場合は、ここが重要です。自分自身、自分の行動に自信をもって、このままでいい。この調子でいけばいい。もし今の自分に自信がなかったら、いつもより頑張ってる。だから昨日の自分より2倍良い。

だからだいじょうぶ！　もしこれでうまくいかなくても、明日は違うこと、さらに昨日よりもクオリティを上げたらだいじょうぶ！

きっとうまくいく！　「だいじょうぶ」は、安心とポジティブの両方を兼ね備えた言葉！

大切なのはだいじょうぶという言葉を、自分自身で受け入れること！

きっとうまくいく！

おかっちキーワード

だからだいじょうぶ！　だいじょうぶ！　だいじょうぶ！

★おかっちフィロソフィー

人生をより良く生きるために

元来、「フィロソフィー」とは「哲学」のことで、人の考え方や倫理観、人生の行動原則など、広い意味で用いられています。人生をより良く生きる上で、フィロソフィーはとても大切です。信念や目標のある人は強いですし、指針を持って生きるほうが励みになり、自身の向上と成果につながります。

会社でも同じです。企業理念を策定し、それを社員に浸透させれば、従業員一人一人の意識や行動も変わり、組織は同じ方向に向かって進みます。そして、より良い商品やサービスを提供できるようになります。また、理念が社会に支持されたら、企業イメージの向上につながり、社員の誇りにもなり、商品やサービス以外の面でも企業の力が上がっていきます。

その意味でも、人生をより良く生きる上でフィロソフィーは大切です。これまで、多くの成功者がフィロソフィーを抱いて生きてきました。しっかりした信念や行動指針を持っている人は芯が強くてブレないのです。

そういうわけで、ここでは、おかっちのフィロソフィーをお伝えしたいと思います。とは言え、決して難しい話ではありませんから（笑）、肩の力を抜いて読んでください！

おかっちフィロソフィー

・元気な「笑顔」と明るい「笑顔」には、奇跡の力ミラクルパワーがある！

子どもたちはみんな一人ひとり違います。

・子どもはみんな一人一人の存在理由と存在価値がある！

他の子どもたちと比べないことが大事なんです。

・尖った心でいると尖った心の人に囲まれ、尖りが丸くなると丸い笑顔の人に囲まれる！

尖った心の人に囲まれると自分の心も尖ってしまうから、尖らないほうが良いし、そうすると、みんなが笑顔になります。

・笑顔の返報性

好意を持つと、好意が返ってきます。鏡と一緒で、こっちが微笑むと、微笑みが返ってきます。

・スポーツは最高で最幸の学校である

そのままですね。学ぶことはぜひ続けていきましょう！

・一人が笑う　二人が笑う　みんなが笑う　笑うのが最幸！

一人が笑うことによって、周囲に幸せを運びます。

・大人にとって大切なことは、子ども達が自ら考えて解決する能力をサポートすること！

子どもたちの前に立つということは、子どもたちの未来の一瞬に触れているということなのです。

大人はどうしてもティーチングになりやすく、ついつい解決方法をパッと言ってしまう傾向があります。そうではなくて、子どもたちが「どうすればよかったのかな」と考えてもらうことが大切です。

いかがですか？　おかっちはこのような指針のもとに、日々、子どもたちと接していま
す。ママ、パパも、この機会に、ご自分のフィロソフィーをつくってみましょう。書き出
してみるのも良いですね！

おかっちキーワード

フィロソフィーを考えて書き出してみましょう！

★だからボールコミュニケーションをはじめました

眼の筋肉が動く運動をしよう!

デジタル機器を使用する低年齢化により、子どもたちはずっと平面画面ばかりを見ています。その時間は短くなるどころか、どんどん長くなるばかりです。大人たちと一緒に、子どもたちもずっとスマホばかり見ています。そうして、徐々に「スマホ眼」になっていくのです。目の視点が前後に動かないから、目の機能が衰えていきます。このままだと子どもたちの未来はどうなるのか。人生100年時代に突入している子ども達は10歳でデジタル機器を扱い始めたら約90年使うことになります。そう考えて、**おかっちボールコミュニケーションOBC**をはじめました。

ボールコミュニケーションは、タタミ一畳あればできます。そしてタタミ一畳の中でするほうが効果的なのです。老若男女、**いつでも・どこでも・誰でも・カンタン**にできる運動! それが、**おかっちボールコミュニケーションOBC**です。

実際にボールコミュニケーションをはじめてみるとわかりますが、相手が取りやすいボールを投げることを考えたり、優しさや気配り、思いやりもそこで育まれていきます。目の前のボールを投げる相手が、もしもおじいちゃんやおばあちゃんだったらどうすれば良いか。考えながら投げるので、頭の回転も必要になります。また、相手の年齢や、これまでどのような経験をしてきたのか。そういったことまで考えられる人間に育ちます。

デジタル眼精疲労の主な症状には、目の赤み、かゆみ、乾燥感、かすみ、疲れ目、焦点が合いにくい、頭痛、肩こり、首や腰の痛みなどがあります。

ただ、多くの子どもは症状が出ても自分では認識できないため、繰り返し目をこする、肩や腰に手をあてる、目を細める、焦点を合わせるのに苦労しているなどの様子が見られたら、眼科医に相談しましょう。対策としては、外に出て山を見たりして遠くを観るようにすることも大切ですが、外で遊べない時もあります。そんな時に室内でもできるのがボールコミュニケーションです。ボールを投げたり取ったりするだけで、眼の筋肉は動き続けます。更に、ボールコミュニケーションは動いている物に焦点を合わせることが必要なので動体視力も同時に発達します。

おかっちキーワード

1日一回ボールコミュニケーション！

★おかっちボールコミュニケーションOBCの効能

優しさ思いやり気配りのココロ

おかっちボールコミュニケーションOBCは、タタミ一畳からできます。つまり、すぐそば、目の前に相手がいるのに、力加減がわからず、強く投げてぶつけたりしてしまいそうですが、ボールコミュニケーションは相手が取りやすいボールを投げようとしますから、優しさ思いやり気配りのココロを育みます。

もしも目の前がおじいちゃん、おばあちゃんだったら、どう投げたら良いのか。目の前の人がどんな年齢なのか。どんな経験をしてきた……、例えば、4歳の子どもに向かってボールを投げる場合もありますから。

もうひとつは、相手がいつ投げるか、わかりません。当たっても痛くないポールを使用していますから大丈夫ですが、相手が横を向いていても投げてしまう子どもがいます。

それはなぜかと言うと、デジタルはスイッチを入れるのも切るのも、自分次第ですから。だから、相手のことを優先的に考えなくなっていまっているのです。

そこがデジタル機器の問題点のひとつです。アクションはあるけど、リアクションはない。

その点、ボールコミュニケーションは相手がいて、相手に応じて反応していきます。相手が横を向いていたら投げるのを待つ。距離の感覚をつかんで、強く投げたり弱く投げたり。そういうことができるようになります。

「行くよー♪」と一声かけて、下手投げでとりやすいボールを投げることを学びます。相手を観る観察力も育ちます。

例えば、しりとりをしながらボールコミュニケーションをすると脳育ボール運動になるので、三世代ですると医療費の削減、認知症の予防にもつながっていきます。そして子どもたちは、そうやって知識がどんどん増えていき、楽しんでやるようになります。椅子に座ったままでもできます。

「動物の名前でしりとりをしよう」と言うと、興味が湧いてきて、図鑑を広げていろんな動物を調べるようになります。そうやって知識が備わってくるんです。

なんでもできます。野菜でも良いですし。そうやっていろんなしりとりをしながらボールコミュニケーションを続けると、子どもたちは知識が増えて楽しくなります。さらに、小さな成功体験を数多く重ねることになるのです。しかも、おじいちゃん、おばあちゃんは認知症の予防になります。

なにより、タタミ一畳のスペースでできるコミュニケーション運動ですから、いつでもどこでも、誰でも簡単にできるのです。

おかっちボールコミュニケーションＯＢＣは五感にアプローチしますから、心も豊かになるんです。人と人との距離を近づけることが可能となります。また、汗をかいて代謝も良くなります。健康維持にもってこい！　なのです。しかも、ボールをずっと目で追いかけていますから、その間、眼の筋肉が動き続けています。

今の子どもたちはスマホ眼と言って、平面画面に触れている時間がとても長いです。ボールコミュニケーションはボールを追い続けるので、眼の筋肉が動き続け、その結果、デジタル眼精疲労の改善に役立ちます。「スマホ眼」の予防と改善対策にもなります。

大切なことですから、何度でも言いますね。

おかっちボールコミュニケーションＯＢＣは、五感にアプローチできるから心が豊かに

なり、明るく健康になります。触覚、聴覚、視覚にアプローチするおかっちボールコミュニケーションOBCを毎日することをおススメします。

アクション運動（散歩、ジョギング、水泳など）は、聴覚にアプローチしません。それに対して、ボールコミュニケーションはしゃべる楽しさがあります！

笑いながらできる運動が、高齢者が一人で暮らすことが多くなるこれからの超高齢化社会に必要とされています。

そしていつでも、

respect the children　子どもが主役！

おかっちキーワード

笑っていれば大抵のことはだいじょうぶ、だいじょうぶ！

★ママは今日もGO！ GO！

ママはMMB！

ママは妊娠・出産という、男性には絶対にマネできない、命を賭けた体験を経て、そこから「子育て」を、1日24時間、1年365日、なんと休みなしで続けているのです！

それがどれほど大変なことか、想像してみてください。元気に生まれてきた赤ちゃんの顔を見て、無事に生まれてきたことにホッとしたのも束の間、些細なことでもすぐに「発達障害では？」、「この先、子どもが健やかに育つためには何が必要なの？」、「子どもの幸せのために何ができるかしら……」と、不安や心配な気持ちが、どんどん大きくなっていきます。その上、授乳やオムツの交換、さらには洗濯！ 掃除！ 食事の準備！ など、ママの「仕事」を数え上げたらキリがありません。

ちなみに、オムツの交換ひとつとってみても、1日何回くらいだと思いますか⁉ 3か月未満の新生児は多い場合、10回以上！ 3か月〜3歳代は、いずれの月齢も1日5〜6回くらいは交換しなくてはなりません。子どもによっては、もっと多いこともあります。

食事だって、毎日メニューを考えるだけでもタイヘン！　しかも1日三食！　おかっちは考えただけで魂が抜けて倒れそう（笑）。ママという「仕事」は、それほど日々、いくら感謝しても感謝しきれないくらいに、とっても「スゴイこと」なのです！

ママはmuch more best（最高に素晴らしい！）

にもかかわらず、ママは子育てに疲れ果てているのに、ある時は祖母から叱られ、姑から叱られ、挙げ句の果ては、パパからも叱られる存在でもあるのです。

なんだか理不尽に感じませんか？　ですから、たった一言でも良いのです。

「ママ、いつもありがとう」「ママ、今日も一日お疲れ様でした」と、みんなが笑顔になれるような、ママを労（いたわ）る声をかけてください。そうすると、少しでもママの疲れが和らぎますし、仮にテレだとしても、内心はめちゃくちゃ嬉しいものです。

覚えておいてください。ママは、慈（いつく）しむべき存在なのです。

おかっちキーワード

ママはmuch more best!

★今日もポジティブ明日もポジティブ毎日ポジティブ

ニコニコ笑顔でみんながハッピー！

ママが洋服を買いに行って、赤、青、黄色があって、例えば赤を選んだ時に、「ママは何で赤色にしたの？」と、子どもが聞いたとします。

そのときにママが、「だってママは青と黄色は似合わないんだもの。だから赤色の洋服にしたのよ」と子どもに伝えたとしましょう。

この文章を読んで、あなたはどう感じましたか？

日本の文化では、無意識のうちに日常生活の中で消去、除去することを優先する習慣があります。好きなモノの良いところを積極的に探すことや知ることをするのではなく、嫌いなモノ、嫌いな部分、嫌なことをついつい探してしまいます。

これは対人のコミュニケーションや育児、人の育成にも表れてきます。得意な部分、好きな部分見付けて良い部分を伸ばすよりも、できないこと、嫌だけどさせること、苦手を克服させることなど、改善することばかりに目がいってしまうのです。

しかし、本来は選んだものを何故選んだのか考えた時に、こんなところが好きだから選んだ、ここが自分には合っているから選んだ、こんなところがとっても良い感じ……。など、自分が選んだモノの、良い部分を言えることが大切です。そうやって、ほんの少しポジティブな思考に変換していくだけで、自分も、そして聞いている人も気持ちが良くなります。

自分に似合っていないからなどとネガティブな思考で言葉を選び、口に出していくと、自分も聞いている人も、良い気持ちにはなりません。選んだモノの良い部分をポジティブ思考で、しかも笑顔でニコニコ微笑みながら喋ると、自分も聞いている人もハッピーハッピーハッピーになれます！

育児も人の育成、社員の育成などもすべて同じなのです。これはオクタントコーチング（悪いところを修正するよりも、良いところを伸ばすコーチング）につながっていくのです。しかも、**良い部分をより具体的に伝えることができたら最高の、最幸です！**

聞いている人にも伝わりやすく、自分も気分が良くなるから一石二鳥です。育児も育成も失敗やミスが多くてあたりまえです。そんな時にひとつ一つに目配りしてカリカリしていると、自分も子どもも、そして聞いている人すべての人が嫌な気分になります。日常は選択することばかりです。何から食べるか、何を買うか、空いた時間で何をするか、そんな時こそウィズ・ポジティブ・アンド・スマイル！

おかっちキーワード

今日もポジティブ明日もポジティブ毎日ポジティブ！

★子どもはいつも親の目を観ています！

大切な「目交い」

子どもから、「お月様は何で丸いの？」、「海の水はどうしてしょっぱいの？」と聞かれても、突然のことだと、ママもパパも戸惑ってしまい、すぐには答えられないことがあります。そんな時、本当でしたら「一緒に考えてみようね」と言って、子どもとの会話が増えると思ってもらった方が良いのですが、それがなかなかできない。そうこうしているうちに、親と過ごす時間が次第に減ってくると、子どもは友達が大切になってきて、親との距離が徐々に離れていきます。

「まなかい」ってご存知ですか⁉「まなかい」とは、「目交い」と書きます。目と目を合わせることにより、通じ合うことができます。目と目の対話。それが「まなかい」です。「まなかい」は、目で話しかける子育ての基本なのです。

中学生くらいになると、この「目交いの距離」という、ママが産声を上げた赤ちゃんを抱っこしている時の目と目の距離感。ママが母乳をあげる距離に喩（たと）えられますが、その距離が保てなくなっていきます。本来はこの「目交いの距離」が大切ですが、むしろ最近では、抱っこしながらママがスマホを観ている光景を良く観るようになりました。

　赤ちゃんをあやしたり、こっちが声をかけると赤ちゃんがニコってすることがあるじゃないですか。そんな時にスマホを見ているママたちは赤ちゃんと目交いの距離にありながら目の合う瞬間が無いんです。スマホ時間が増えてしまうと、目の合う時間がなくなってきて、親子の目の距離がだんだん遠くなっていきます。

　そして、子どもが部屋を持つと距離がさらに離れるし、近い距離がもう取れないまま、社会人になって家から出てしまえば、その距離はさらに遠のくばかり。会う回数がとっても少なくなってしまいます。ですから子どもが幼い時はできるだけ、優しい気持ちで、赤ちゃんを抱いてあげてください。そして、微笑んだ目と目で対話をしましょう。そのときは、優しい言葉を微笑んだ目で投げかける、二度とも戻れない大切な時間なのです。

おかっちキーワード

超大切な目交い

★思春期に親と子どもが逆転？

親にとってゲームをする子が良い子!?

今の日本は共働きも増えていますし、シングルマザー、シングルファーザーも増えています。だから、育児の時に子どもの相手がなかなかできない。仕事が終わって帰宅すると、自分の時間をつくりたい親は、友達とスマホやゲームをやったりしたいから、子どもが「ねぇ、聞いて」と言ってきても、ゲームを渡して一人遊びをさせたりします。

すると、それがママにとっての「良い子」になるんです。2時間でも3時間でも、静かに遊んでくれている。それが、親にとっての「良い子」になってしまってるんです。ところが、デジタル機器は一方通行で会話がないので、子どもは徐々に自分で自分のことを伝えることができなくなっていきます。

それが例えば、「ねぇ、聞いて！　聞いて！」と言われた時に、「今忙しいから」と言って拒んだりすることが増えると、いつの間にか、子どもたちは好奇心が旺盛だから他のことに目が行くようになります。

そして、3歳から4歳の頃にそういうことを繰り返していると、子どもが思春期の頃には立場が逆転するのです。学校から帰ってきた時に、ママが「少しは学校であったことを話しなさいよ」と言っても、子どもたちは「別に〜」「なにもない」と何も話しません。子どもたちは「小さい時に聞いてくれなかったじゃん」ということが頭と身体に残っていて、無意識のうちに引っかかって何も話さなくなるんです。

ですから、幼い頃に「ねぇ、聞いて！ 聞いて！」をちゃんと聞いてあげておくと、思春期になっても会話がつながりやすくなります。

おかっちキーワード

「ねぇ、聞いて！ 聞いて！」は最幸サイン！

★常笑喜流に乗って

子どもの笑顔と笑い声は最幸の宝物

不平不満としかめっ面は万病の素になり、喜びと笑顔は万病の薬になります。常に笑っていると喜びが溢れて、良い流れになってきます。

笑顔には特別な力があります。おかっちは笑顔ミラクルパワーと言ってます「笑顔の人」と「笑顔でない人」を比べたところ、**「笑顔の人」のほうが、満たされた人生を送り、まわりに良い影響を与える**など、明るく健康で心豊かで幸せな人生を歩んだという、カリフォルニア大学バークレー校の心理学研究チームがおこなった調査結果もあります。

この結果は、「笑顔はさまざまな良いことを引き寄せ、人生を豊かにする」という、ひとつの実証を導き出しています。笑顔が人生を好転させる仕組みについて、脳科学者の茂木健一郎さんが、こう解説しています。

「脳の中には「扁桃体（へんとうたい）」という、感情をつかさどる神経細胞があります。喜怒哀楽のうちの「喜」や「楽」といった快感を得ると、ここが反応して、すぐ近くにある

「前帯状皮質（ＡＣＣ）」を刺激します。その結果として起こる現象が「笑い」です。つまり、笑うということは、その本人が幸せであるというシグナルなのです」

「笑い」は逆境への対抗策。どんなにつらく苦しいときでも、笑うことでエネルギーを補充し、失敗を糧にできるからこそ、社会で活躍できる人間力がますます育まれます。さらには、親が笑顔でいることによって、子どもの笑顔を引き出せるのです！　人の脳は、ミラーニューロンという神経細胞を通すことで、自分が見ている人の感情を再現します。要するに、親が笑顔なら、子どももつられて笑顔になるのです。笑うと身体の抵抗力もアップすることが医学的に立証されています！

だから、ママ、パパ、そして子どもも、常笑喜流に乗って最幸の宝物を手に入れましょう！

respect the children　子どもが主役！

おかっちキーワード

笑っていればだいじょうぶ！　だいじょうぶ！　だいじょうぶ！

★たまにはスマホを手放して

スマホ眼に要注意！

現代社会の問題点のひとつにデジタル化社会があります。スマホやゲームをする子どもたちが多くなったことです。しかも年々低年齢化しています。

スマホやゲームが一人一台になったために、アイコンタクトや会話がなくなってきました。会話がなくなってきたということは、コミュニケーション能力が低下してしまったということ。それ自体、大問題だと思いませんか？

余談ですが、もともと日本人の特性として、いまのグローバル社会で外国人と会った時に、なかなか目を合わせて会話することができない。外国人からすれば、「どうして目を合わせてくれないの？」と感じても不思議ではありません。そういったことが続くと、知らず知らずのうちに日本人の信用度も下がってしまう可能性も、十分に秘めていると言えます。

話を戻すと、デジタル機器っていつ始めるかいつやめるかも、全部自分次第なのです。

ときとして、たとえ目の前に誰か相手がいたとしても、デジタル機器からなかなか目を離すことができない。そんな経験はありませんか⁉

また、近年は共働きも増えていますし、シングルマザーやシングルファザーも増えています。そうすると仕事が忙しくて、なかなか子どもの相手をできない。そう考えると、課題はいろんなところに潜んでいることがわかります。

なかでも大きな課題のひとつは、子どもたちの「スマホ眼」です。最近の子どもたちは、「スマホ眼」と言って、目の焦点が合うのに時間がかかるようになってきています。

デジタル機器の低年齢化により、平面画面に接する時間が長くなっています。つまり、現代のデジタル化社会の弊害によって、若年性老眼やスマホ眼も増えているのです。近くがボヤけていく。なぜかと言うと、目の筋肉が動かなくなっているから。しかも、スマホを観ていれば会話しなくてもいいし、人と遊ばなくてもいいから、コミュニケーションが面倒になってくる。子どもたちが数人で部屋で遊んでいたとしても、一人一台スマホのゲームをしていて、会話も何にもしない。だからアイコンタクトもない。目の筋肉が衰え、若年性老眼になり、同時にコミュニケーション能力も低下する。最近では、会話のキャッチボールができない。目を合わせて話をすること自体にストレスを感じる子どもたちが増加しています。

おかっちキーワード

スマホより子どもでしょ！

respect the children　子どもが主役！

★最幸のコミュニケーションって何？

思いやりと優しさが失われていく危険性

最近、凶悪事件の低年齢化が問題になっています。何かというと、ゲーム機器などでバーチャルな世界に生きている。そうすると、ゲームの中で人を殺しても生き返ってくる。そんな経験を重ねていくと、バーチャルな世界と現実の境目がわからなくなる子どもが出てくるのです。それはとても危険なことで、次第に思いやりや優しさが失われていく可能性も秘めています。

また、最近は大人の引きこもりも問題になっています。例えば、30年以上にわたり引きこもっていた56歳の男性が、両親の死後に自宅で衰弱死していたことがニュースになりました。また、10年以上引きこもり生活を続けていた50代の男性が、近所でスクールバスを待っていた児童とその保護者らを次々と刺した後に自殺するという事件もありました。

これらの事件が起きる少し前、内閣府は40歳から64歳の中高年の引きこもりの人数が推計61万人という調査結果を発表しています。彼ら彼女らの半数は、引きこもり期間が「7

年以上」でした。その人たちは、まさにゲームが出はじめた頃の世代で、おかっちの頃で言うとインベーダーゲームが流行っていました。

そのあとにテレビゲームが出てきて、いつの頃からか、一人一台ゲーム機を持っている時代になり、会話をしなくても、友達と会って遊ばなくても、ゲームをやっていたら楽しくて、次第にコミュニケーションが面倒になってきたんです。

誰かの家に集まって子どもたちが遊んでいると思ったら、一人一台ゲーム機を持っていて、デジタル機器にしか目線がいかないんです。だから、同じ空間いることでコミュニケーションが取れていると錯覚します。

本当に大切なのは、アイコンタクトをしながら会話をすること、言葉のキャッチボールをすることで、それこそが最幸のコミュニケーションです。

おかっちキーワード

大切でしょアイコンタクト

★論理的思考力を育む子育て

「なぜなら」と言葉をつなぐことが大切

子どもに対して、親が幼い頃から論理的に冷静に説明を根気よく続けると、子どもも同じように論理的に考えたり、論理的に説明ができる子どもに育ちます。そのためには、どうしてそれをやったらいけないのか。やり続けたらどうなるのかなどを、丁寧に説明することが必要です。行動や言ったことに対して、「なぜなら」という論理的な言葉をつなぐことは、子どもの成長に大きな役割を果たしていきます。

ディズニー映画を観ていただいたらわかりますが、ミッキーもピーターパンも他のみんなもまず結論を言ったあとに、必ず「どうしてかというとね」と、理由を説明しています。すると、答えがより具体的になるんです。ディズニー映画をぜひ観てください。ディズニー映画は先に結論を言って、そのあとに「どうしてかというとね」っていうフレーズが、必ずついていています。

ヨーロッパへ行って面白いのは、幼い頃から絵を観て分析するんです。

例えば、風景画があるとします。するとママが、

「この絵の季節はいつだと思う?」と子どもに聞いて、

「夏だと思うよ」

「どうして夏だと思うの?」

「だって、ひまわりが咲いているもの」。

ちょっとしたことですが、絵を見ながら、

「なに」

「なぜ」

「なにをしている」

そういったことを、思うだけでなく、言葉に変換して話すことにより、子どもは論理的な思考が身についていきます。絵に描かれている対象が人であれば、その人の気持ちを考えてみたり、季節を考えてみる。そこには理由があります。それくらい、実は絵を観るということはステキことなのです。

おかっちキーワード

5W1Hが論理的思考力を育む

★一ヶ月「しなくても」生きていけることは⁉

健康を維持するために必要な三大要因

人の健康を維持するために必要な三大要因って、なんだと思いますか⁉

先に答えを言いますと、人の健康を維持するために必要な三大要因とは、栄養・休養・運動です。

まずは、栄養。例えば、人が一ヶ月食べないなどということはできません！

次に休養。この場合の休養とは、寝ることを指します。一ヶ月、あなたでしたら寝ないで生きていくことができますか？　一ヶ月の間、一睡もしないで生きていくことは不可能です。そして、人の健康を維持するために必要な三大要因の三つ目は、運動です。

ところが、運動は一ヶ月意図的にしなくても、生きていけます。日常生活を送るだけなら生きていくことができるでしょう。しかし、日常生活に運動を入れることによってはじめて基礎代謝がアップし、健康的になります。日本の平均寿命はいずれ百歳になるかもしれません。ですが、百年の寿命のうち、寝たきりの状態が何年も続いていたら、健康寿命で考えたらどうでしょう。健康寿命年齢が短く、あとは百歳まで寝たきりの生活はイヤです。やはり、自分で食べることができて、着替えることができて、自分で体を洗ったり、素敵な景色を観ながら散歩をすることができる年齢をあげることが、何よりも大切です。同時にそれは、医療費の削減に取り組む日本社会にとっても、非常に大切なことです。

おかっちキーワード

毎日運動で健康年齢アップ！

ちょっと休憩♪

おかっち川柳1

●コロナにね　負けない体力　つけようね

●微笑んだ　明るい笑顔　素敵だね

●伝えたい　アイコンタクト　大事だよ

●スマホ眼に　ならない為に　OBC（オービーシー）

●下腹が　コロナ自粛で　こんにちは

adidas
おかっち

★運動したら動くモノって、ナニ？

『運動して』〝○〟を動かす！

自分の身体のエネルギーが停滞してしまうと、淀みが生まれます。エネルギーは常にきれいに循環させているほうが、スッキリと良い状態でいられます♪　物理的には、動いてまわすのがもっとも効果的なので、読んで字のごとく「運動する」のはとても開運になるのです！

「運を動かす」

「運が動く」

ボールコミュニケーションなら圧倒的な効果が得られます！　ボールコミュニケーションは笑顔でできる最幸運動。代謝が上がり筋肉が付き、免疫力がアップします。さらには、腸の動きも活発になります。

つまり、ボールコミュニケーションをすると明るく元気なポジティブホルモン、セロトニン、オキシトシン、ドーパミンが出て、運をより良い方向へ動かすのです！　そして、考えることなく、顕在意識も潜在意識も一歩前に出られるような爽快感が湧いてきます。

これがボールコミュニケーションのように、誰かと一緒に運動すれば、コミュニケーション能力もアップして良好な人間関係が築けます。

どういうことかというと、運というのは一つに留まっていないということなのです。つまり、軽い運動をするだけで健康に良いだけでなく（健康寿命を延ばすにはボールコミュニケーションが不可欠！）、仕事の運も上がったり、他の事も同じように上がってくるのです。仕事・人間関係・愛・家族・友達……。

〝運〟は、〝動いた〟結果、経験のなかで積み重なっていくものです。経験と〝運〟は、いつもリンクしていています。運動する人は、〝運〟が動いてくる！

「もっと何かできそうだ！」と自分で考え、行動（考動）して、自分で結果を掴み取る行動をしてみましょう。運動すれば、だいじょうぶ！　だいじょうぶ！　だいじょうぶ！

おかっちキーワード

運動で運を動かそう！　運動＆考動！

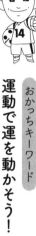

★自分で考えるようになるチャンス！

子どもの「なんで？」はビッグチャンス

子どもはもともと好奇心旺盛で、いろんなことに対して「なんで？」「どうして？」と聞いてきます。そんな時は、一緒に考える時間が大切です。家事や子育てに忙しく時間がなくても、わずかな時間で構いませんから、一緒に考える習慣をつけてみましょう。すると、子どもは疑問を持った時に考えることができるようになります！　しかも、考えることが好きになります。

言葉が少しずつわかってくる2歳前後に「これはなぁに？」とよく聞く時期があり、そのあとから「なんで？」と質問責めの時期がやってくると言われています。身の回りの些細なことにはじまり、あらゆることまで質問攻めにしてくるのが特徴です。

心理学では、2歳から6歳くらいまでのこの時期のことを「質問期」と言います。なんでも吸収できる時期なので、質問期は子どもの好奇心や学習意欲が特に伸びる時期です。だからこそ、子どもの「なぜ」を受け止めてあげることは大切なことなのです。

それに答えるとまた次の質問を、さらには同じことを何度も質問してくることも珍しくありません。

こちらの都合にはお構い無しで質問してくるので、うっとうしく思ってしまうこともあるかもしれません。しかし、ここが踏ん張りどころです！　質問してきたらビッグチャンスだと思ってください。

試しに、「○○ちゃんはどう思う?」と、親から子どもに質問をしてみましょう。

すると、人に聞いてばかりでなく、自分の力で考えることができるようになります。また、子どもが自分で考えているうちに、答えを見つけ出して納得する、ということもありますし、図鑑やインターネットで、一緒に調べるのもとても良いことです。

たとえば「どうして太陽は暖かいの?」と聞かれたとしたら、「太陽光は、赤外線と可視光線が……」と正確に答えても、幼児にとってはよくわからないし、とっさにそこまで答えられない場合も多いはず。

そんなときは、「○○くんが寒くないように暖かくしてくれたのかもね」と、答えてあげることでも、子どもは満足します。そんなロマンチックな回答も、子どもにとってはイメージが膨らみます。知的好奇心がもっとも伸びるとも言われるこの時期に、「なぜ？」を上手に受け止めてあげて、子どもの可能性を伸ばしてあげてください。

おかっちキーワード

子どもの「なんで？」は学びのはじまり！

★指示命令口調では伸びない考動力

夢中が集中の始まり

集中力がない子どもって？　実は子どもたちには夢中力・熱中力・情熱力がちゃんとあります。

例えば、テレビを観ていたりマンガを読んでいると、声をかけても子どもはまったく反応してくれないじゃないですか。

それって実は集中しているということは、夢中になっている、ということなのです。「好きこそものの上手なり」と昔から言われています。子どもの「楽しい」「好き」が、子どもの夢中力を育みます。サッカーでも学習でも、夢中にさせることがまず大切。ということは、サッカーや学習が大好きになることが、夢中力のはじまりです。

夢中力のない子どもの意味って何かと言うと、好きになれていないと言うことなのです。「好き」が夢中力の秘訣です！

ではその環境は？　上から目線で「〇〇しなさい」と言っても、それは簡単にはできません。しかも、そういうことを続けていると、子どもはいずれ指示命令待ち人間になってしまいます。

子どもは誉められることを意識していますから、これまでできなかったことができるようになった時には、ちゃんと誉めてあげてください。

また、手や歌をつかった遊びを取り入れることで、様々なことに関心が移りやすい子どもに、集中するきっかけをつくることができます。もちろん、ボールコミュニケーションが最適です♪

そして、自宅で勉強に取り掛かるときは、「気持ちの切り替えタイム（気持ちチェンジウォーミングアップ）」をつくりましょう。例えば、漢字の勉強をする前に少しでも読書や音読をしてみたり、算数の問題集を解く前には簡単な数遊びをしてみたりして、子どもが集中できるようなウォーミングアップをしてみてください。

さらには、食事も子どもの集中力低下の一因となります。特に、カルシウムやマグネシウム、ビタミンCといった栄養素が不足すると、集中力の低下が懸念されます。水分不足、鉄分不足も、同様に血液の流れを滞らせるため、集中力の低下を招いてしまいます。

子どもの集中力を高めるのに期待できる栄養素は、ブドウ糖、DHA、鉄分ですので、このような栄養素がちゃんと摂れる食事をつくってあげたいですね。

おかっちキーワード

好きになって夢中力アップ！

★怒らない子育て1

「怒る」感情表現の本当の理由

日常生活の中で、親の言うことを聞かないわが子にイライラして、ついカッとなって怒鳴ってしまうことはありませんか？

例えば、ただでさえ忙しい朝、子どもを学校へ送り出して、家事をすませて仕事へ行きたいのに、「早く食べなさい」と、いくら催促しても、子どもがのんびり食事をしているときや、ふざけてみそ汁でもひっくり返そうものなら、「どうしていつも怒らせるようなことばかりするの！」と怒鳴りたくもなります。

しかし、心理学者のアドラーは、子どもを罰すること、説教すること、そういったことは、何の意味も持たないと言っています。

「叱って育てる」は、親が正しいと思っている方向へ、子どもを強制的に向かせる方法です。正しいと思っている方向を向かせるために、「怒り」の感情や「指示・命令」を使うのが特徴なのです。「「怒り」の感情や「指示・命令」の感情表現は、「他の人を自分の思ったように動かすためのもの」と考えます。だから「怒っている」ことを演じて、子どもに言うことを聞かせるのはやめよう、ということなのです。

アドラー心理学は、「今」を大切視している心理学です。人間の心理状態の中で「腹が立つ」「カッとなる」というのは、まさに今現在、湧きあがる感情で、その怒りの感情のまま行動してしまうと、事態は悪化するばかりだとアドラーは言います。

結果、怒った方も怒られた方も、両方が嫌な気持ちになります。だからと言って、日常の中で怒らないなんてことは、実際にはとても難しいことです。

それでは、子どもに対して怒りの感情が湧いた時には、はたしてどうすればいいのでしょうか？

respect the children　子どもが主役！

おかっちキーワード

怒りの感情のまま行動すると、事態は悪化するばかり

★怒らない子育て2

論理的思考力を育むことが大切

怒りの多くは、実は相手のためを思ってのことではなくて、怒りを相手にぶつけてスッキリしたいなど、自己満足のためなのです。そんな、怒りを上手にコントロールする術を身につけたくないですか？

おかっちは、毎日のようにたくさんの子どもと接しているので、ママたちが子育て中にイライラしてしまう気持ちはよくわかります。それに親が子どものために怒るべき場面というものも確実に存在します。ですから、怒ることのすべてを否定するつもりはありませんし、怒りを無理やり抑えつける必要もないと思っています。ただ、怒りをコントロールすることは大切ですから、イライラや怒りの感情に反射して、すぐ怒りださないこと。そのことを意識した上で、以下の点を心がけてみてください。今まで以上に良好な親子関係を築くことができます！

まず、脳の機能には、思考系と感情系があります。思考系とは、断片的な情報をつなぎ合わせて連想し、合理的な判断をしようとする機能で、感情系とは、食欲や睡眠欲などの生理的な欲求全般に関する機能です。イライラや怒りは、この感情系が優位になっているときに生まれやすくなります。イライラや怒りを鎮めるには、前項でお伝えしたように、その兆しを感じたときに、自分を客観的に観察して、思考系を優位にするのが効果的です。このような思考系を優位にする意識を、気がついたときにおこなうようにすれば、怒らなくてすむようになります。そこで、イライラや怒りを感じたとき、とっさに実行することで思考系を優位にできる方法をご紹介します。

試しに、怒りそうになったときに「間」をとって、一度気持ちを落ち着かせ、頭の中で「1、2、3……」と数えてみてください。その間に「なぜうまくいかなかったのか」を考えて原因を見つけ、次に「どうすればうまくいくのか」という改善策を考えることが大切です。また、怒りそうになったら、子どもの立場になって「自分が言われたらどう感じるのか」を考えて、子どもに伝わる話し方を工夫してみましょう。論理的思考力を意識していると習慣になってきます。

おかっちキーワード

論理的思考になると怒りよりも改善策を考えるようになる

ちょっと休憩♪

おかっち川柳2

●おかっちの　笑顔の秘訣　子ども達

●笑い声　やっぱりいいな　笑い声

●笑顔から　生まれるパワー　無限大

●高圧な　指示命令で　病んでいく

●微笑んで　笑顔でいると　幸せだ

Fua Fua
SMILE
MIKASA
おかっち

★誉め上手になるのはカンタン♪

誉め上手になってみんな幸せ！

日本の文化は昔からできない事、苦手な事、失敗した事などを改善する事に注目する文化です。しかし、日常の中でこの意識だと良い部分が観えません！

日本のそのような文化に対して、ヨーロッパやアメリカの人たちは誉め上手。相手の良いところを即座に観つけ、そして言葉にして相手に伝えます。子どもは誉められると自信がついて、がんばる力が湧いてきます。しかも、誉めてくれる親への信頼の気持ちも育つから、子どもを伸ばすには誉めるのが一番！　ところが、それはわかっているものの、実際にはその場になると誉めることが観つからない、という人が多いのです。

例えば、子どもの絵を観たときに、細かい部分に注目すれば「顔の表情がとてもいいね」とか、「太陽の輝きが強く感じられるよ」と誉めることができます。さらに眼が微笑んでいると、最高の誉めＷＯＲＤです♪

「この『あさがお』という字、力強くて上手！」と誉めながら、一つひとつ、花丸をつけてあげるのです。直したほうが良い字があるときは、十分に誉めたあとで「じゃあ、これだけ直そう」と言えば、喜んで直してくれます。これを毎日やれば「しっかり書きなさい」と言わなくても、しっかり書くようになります！

なんでもそうですが、葉っぱを観て、枝を観て木を観て、林を観て森を観ると、誉めるところはたくさんあります。まず誉めるところから入ってみましょう♪　すると、子どもが絶好調になります！　そして、誉めることを習慣にしていくと、やがてその効果を実感できるようになります。これらのことは夫婦や会社の人間関係、スポーツのチーム、そして自分自身にも応用できます。

誉め上手になって、周囲の人も自分も、みんな幸せになりましょう！

respect the children　子どもが主役！

おかっちキーワード

誉め上手と微笑む眼は、ス・テ・キ♪

★子どものエネルギーは誉められると湧いてくる！

子どもから観られていることを意識して！

子どもって、親子のことを非常によく観察しています。ときにはこちらが驚くほど「よく観ているな」と感心することがありませんか？　保育園の卒園式で、園児がママ、パパに対して感謝の気持ちを述べた際、ママやパパがたまらず号泣するのを、おかっちは何度も目にしています。

「いつも大好きな料理を作ってくれてありがとう」
「毎日お迎えに来てくれてありがとう」
など、そんな言葉を口にされると、「親の気持ちに気がついてくれていたんだ」、「わかってくれていたんだ」と思うと、本当に嬉しくなります！

子どもは親が思う以上に注意深く観察しています。ですから、親も子どもの良いところを意識し、言葉にして誉めてあげる。それだけで子どもは満足感を得て親を信頼します。そうなると、親も子どもも、どちらも嬉しい気分になります。

これを、「好意の返報性」と言います。好意は好意で返ってくる、誰かに良いことをしたら、そのまま自分に返ってくる、という意味です。ですから、笑顔には笑顔が返ってきます。しかめっ面には、しかめっ面が返ってきます。子どもの良いところにたくさん気がついてあげ、具体的誉めWORDにして伝えてあげてください。すると子どもからも誉め言葉がどんどん返ってきます。そのためには、観察する習慣を身につけることが大切です。親が子どもに対して関心を深めたら、自然と誉める機会が増えていきますから♪

何をいつ、どのように誉めたら良いのか。「watch」「look」「view」、そして、「analysis」、分析ですね。これが非常に大切です。こういったことは指導者や先生にもオススメですので、指導者のみなさんもぜひ実行してみてください。

respect the children　子どもが主役！

おかっちキーワード

具体的な誉めWORDで伝えよう❤

★成功体験を誉めたあとに実行することは？

自己肯定感はいずれ子どもの強みに

最初はたくさん手伝って構いません。ただ、その次は手伝ってあげる質や量をほんの少し減らしてみる。それでもできたら誉めてあげましょう。子どもは誉められられると、やる気が出ます。「認められたんだ！　できるんだ！」と感じます。そうやって成功体験をどんどん重ねていくと、子どもはいろいろなことにチャレンジしたがります。try&error、wait&see、つまり、挑戦して失敗した時に見守ることが大切ということです。仮に失敗しても、成功体験があるから平気になります。それを、是非やってみてください。

そのために、子どもになるべく長い時間、関わってほしいのです。子どもはしてほしいことをしてもらうと、安心感を持ちます。それを繰り返していくと、楽しいときに一緒に笑ってくれたり、悲しいことを共感できるようになります。喜怒哀楽の共有です。ママやパパと気持ちを共有することができたら、他の人とも思いやりを共有できるようになります。多くの時間を共有することにより、子どもに安心感と、自己肯定感が生まれます。それは将来、子どもが世の中に出たときの強みに必ずなります。

たとえどんな些細なことであっても、子どもにとっては大きな「成功体験」ですから、本人はめちゃくちゃ嬉しいのです。学校から帰宅してすぐに走り寄ってきて、「今日、学校でこんなことがあって上手にできたんだ！」と報告してきたら、大いに誉めてあげてください。誉められて嬉しいと感じた子どもは、次の成功体験も喜び勇んで伝えてくれます。

そして、子どもの成功体験を誉めてあげたあとは、「ステキね！　よくできたね！」だけで終わりにしないで、そのときにできたことよりもほんの少しだけレベルを上げて、新しい目標を設定すると、子どもはやる気に満ち溢れます。goodから、better。そして、best。何がよかったか、具体的なプラスワン＋1の声かけが親の大切な役割です。子どもがやる気になっているときに、すかさず次のステージを用意してあげたら、すんなりと挑戦してくれます！

おかっちキーワード

成功体験で自己肯定感がパワーアップ♥

★大切なのは具体的に誉めてあげること

学習する意欲が湧くためには？

誰でも得意・不得意があります。ですが、得意・不得意というのは、生まれつきのものではありませんし、その人の性格と関係していることでもありません。たまたま「強化学習」のサイクルが回っておらず、苦手となってしまっているだけなのです。

人間は、誉められたり、達成感を感じたりすると、プラス思考のホルモン、ドーパミン（エンドルフィン）が出ます。例えば、「学習をする」→「誉められる」→「ドーパミンが出る」というサイクルがあったとします。そうすると、「学習をする」という意欲が強化されます。これを継続させることで、もっとドーパミンを得るために学習をおこなうということが、強化されていくのです。これを「ゴールデンサイクル」と言います。

やる気というのは、もう一度あの喜びを味わいたいと感じるサイクルであるこの「強化学習」というメカニズムが働きます。そして、意欲が湧いてくるのです。

誉め方によって、子どもは伸びることもダメになることもあります。子どもを誉めるときには、伝える言葉には十分な配慮してくださいますように。言葉は私たちが考えている以上にやる気に影響を与えます。親や指導者が、言葉の力を最大限に使うことで理解して使いこなせば、子どもは「誉められて伸びる」ようになっていきます。

ところで、子どもはどんなところを誉められたいと思っているか、ご存知ですか？　子どもの良いところに気がつくようにするには、意識して見つけることが必要です。そのために、まずはママが「誉めるリスト」を作成してみましょう。次に、子どもに「どんなところを誉めて欲しいか」を聞いてみてください。

実際に作成してみると、親と子どもの意識にギャップがあることがわかります。試しに、是非「誉めるリスト」を作成してみてください。そして書き出すことを習慣にしていき、子どもの良いところをたくさん発見して、意識して具体的に誉めてあげましょう。すると、子どもは間違いなく確実にさらに成長します！

おかっちキーワード

「誉めるリスト」で親子はバッチリ！

★コロナ後も変わらないコミュニケーションの取り方1

大切なものはコロナ後も変わらない!

新型コロナの影響で、コミュニケーションの取り方も新しい日常と共に変化していくことでしょう。

それでも、人と人とのコミュニケーションにとって大切なものは変わりません。

①アイコンタクト
②相手の話を聞く
③自分の考えを伝える
④笑顔(微笑んだ眼)
⑤時間と空間の共有

おかっちが子どもの頃、母がこんな話をしてくれたことがあります。

「お父さんが同じ部屋で寝ていたり、ゴロゴロしていたとしても、その存在は大きいのよ」。

なぜなら、もっとも大切なことは同じ空間にいることであり、一緒に過ごすことだから。コタツをはさんでトランプしたり、一緒に遊んだことを思い出します。今思えば、母親は保育士ですから、意識して子どもとの時間と空間の「共有時間」をつくっていたのだと思います。

おかっちキーワード

コミュニケーションは時間と空間の共有から

★コロナ後も変わらないコミュニケーションの取り方2

同じ空間で過ごすと感じるものが違います

おかっちが子どもの頃は、虫やいろんな生き物が好きで、山で獲ってきては自宅で飼っていました。カメやザリガニ、ホタルやバッタ。カブトムシやクワガタ。ヒヨコやセキセイインコ。ジュウシマツ、犬に猫。もっとも、飼って一緒に遊ぶのが好きなだけで、世話をするのは苦手でしたけど（笑）。

それでも虫や動物たちが元気で長生き、清潔な場所で生活できていたのは、母親がそっと掃除や世話をしてくれていたからだと、いまになってようやくわかります。

さて、近年はＳＮＳでのコミュニケーション、スマホ、パソコン、タブレットによるＺＯＯＭやスカイプで、お互いに相手の顔を見ながら遠方の人とも会話ができる時代になっています。

しかも、低年齢化によるデジタル機器の使用は、年々増加の一途を辿っています。

もちろん、それは一つの時代の流れではありますが、実際に会って同じ空間にいると、アイコンタクトができる上に、様々な仕草や動作など、全体像を通して温もりを感じることができたら、呼吸の音や吐息を感じられてさらに良いと思います。

ＳＮＳの世界やバーチャルな世界を幼少期から知ることも、今後ますます増えていくと考えられます。

しかし、「温故知新」という言葉があるように、古き良き時代のものや伝統を大切にしながら、新しいものを取り入れていくことが、今求められています。

respect the children　子どもが主役！

おかっちキーワード

大切にしよう温故知新

★育児は、育自

常に学び続けることが大切

指導者は「学ぶことを辞めたら教えることを辞めなければならない」元サッカーフランス代表監督、ロジェ・ルメール氏の言葉です。この言葉を念頭に置いて、サッカーでは、選手たちの前に立つことが求められます。どの指導者にも当てはまります。子育ても似ていると思いませんか?

社会情勢の環境も刻刻と変化しています。目の前の選手も変化しています。それに伴い、戦術戦略も変化します。道具も進化し変化します。あらゆるものが変化していく環境ですから、常に学び続けることが大切になります。しかし、新しいものばかりでは上手くいかないことが多いのも現実です。古き良きものを取り入れ、大切にしながら新しいものをミックスしていく。**やはり温故知新が大切なのです。**

「育児」は「育自」。子育ても同じで、初めての子どもの育児はもちろん、親も初めて親になるので新たなスタートです。しかし二人目，三人目の「育児」も同じで、子どもも千差万別。性格も感じる感性も、すべてが違います。ですから、「育児」もまたその度に新たなスタートなのです。**新しい「育児」の始まりは新しい「育自」の始まりです。**自分を育んでいく時間なのです。子どもの育成と共に親自身が育まれていくスタートなのです！　それは時代によっても違いますし、変化し続ける環境の中で、「育児」の対応もどんどん変化していくことが求められているのです。

また、「教育」は「共育」とも言われることがあります。つまり、「育児」は「共育」なのです。子どもと親が、共に歩み、共に成長し、共に育まれていく、とても大切な時間なのです。だからこそ、睨んだり怒ったり怖い目で子どもを観るのではなく、笑顔と笑い声の絶えない微笑んだ眼差しで、子どもを観ることが大切なのです。

スピッツの歌「チェリー」にあります。二度と戻れない～くすぐり合って転げた日～と♪

おかっちキーワード

二度と戻れない時間を大切に！

★過保護の弊害とは？

生きていく力を育むことの阻害要因

「水をやりすぎた木は枯れる」（ブラジルのことわざ）

子どものやることなすことすべてに口出ししたり、手出ししたりしていませんか？　よかれと思ってしているかもしれませんが、実はそれこそが子どもの成長する機会を奪い、自立して生きていく力を育むことの阻害要因になっているのです。

・何でも親が先回りしてやってしまう（例：紐靴の紐はいつも親が結ぶから子どもはいつまで経ってもできない）

・指示命令ばかりする親、大人（スポーツ指導者や先生にはまだまだ多い）

指示命令が多いと、しかめっ面や、怖い眼とのアイコンタクトになってしまいます。子どもは、自ら考えて伸びる力を持っています。親は子どものためと思ってやっているかもしれませんが、結果として子どものやる気や自主性、自立心、能力開発の機会まで奪ってしまっていることに気付いていません。子どもは何もかも親がやってあげなければいけない存在ではないのです。親がなんでもやってしまう過保護な育児は、まさにその主体性がない子どもを育ててしまっているのです。本来、人は誰でも自己選択することこそが人生。子どもが自ら考え判断し選択して行動するのをサポートすることが大切なのです。

ブラジルのことわざと同じで（ここでの「水」は「言葉」）、子どもへの声かけは、「いつ」、「どれくらい」、「どのような」水をやるか。タイミング、関わる量、言葉の質を考えて。

そのとき、目が微笑んでいると、それは最幸WORDになります。

おかっちキーワード

子どもへの声かけは「タイミング」「量」「質」がポイント！

★子どもの判断をリスペクトしよう！

子どもが判断して行動することを見守る根気が大切

それでは、親はどうすれば良いのでしょうか。子どもが遊んでいるのをただ見守ってあげればいいのです。ただし、**放置と自由の違いは理解してください。**スマホをいじりながら、まったく子どものことを見なくなってしまう親がいますが、それは単なる放置です。子どもは一人で遊んでいるように見えても、時々親が自分のことを見てくれているか、確認しています。そのときに、親が自分のことを見守ってくれていると感じると、安心して、また遊びの世界に戻っていけるのです。ですから、余計な手出し、口出しをせず、子どもがすることをじっと見守る。言葉にすると簡単ですが、これができている人は実は多くありません。忙しい共働きのママやお父さんは、少しでも空き時間があれば、気になることを見つけては動いてしまいます。そうではなく、じっと子どもがやっていることを見守って、自由に遊ばせる根気が大切です。

欧米人の親は、例えば子どもがパン屋で好きなパンを選ぼうとしているとき、どんなに時間がかかっても子どもの決断をじっと待ちます。ところが日本人の親は待ちきれず、すぐ「これにしたら？」と、自分の都合で選ばせたりしてしまいます。それでは子どもが自分の人生を自分で決めて、自立して生きていく力は育ちません。誰もが「共働きで忙しい」、「待っている時間がない」などと言い訳をしますが、共働きなのは海外の親も同じです。では、子どもにかける時間の使い方が、日本と欧米では違うように感じるのは、なぜでしょうか。

それは、子どもがやることを先回りして、手出し口出しするほうが、親としては実は楽で、いろいろ注意して、言うことを聞かせたほうが簡単だからです。手出し口出ししたいところをぐっと我慢して、見守るという選択をするほうが、勇気がいる行為になります。子ども自身が「これをやろう」と決意し、自ら動き出すのを待つ。そして親は子どもに指示してやらせるのではなく、子どもがやろうとしていることをサポートする。そうすることによって、子どもは自立し、自分で生きていく力を育んでいきます。それがベストサポーターとしての親の役割です。

おかっちキーワード

見守ることは勇気が必要な行為

★子どもの観察力を養おう！

観察力の高い子どもは考える力が養われる

観察力の高い子どもは、一般的に言われる「頭が良い」子どもとは異なります。頭が良い子どもは、人よりも早く漢字を覚えたり計算ができたりする子を指すのが一般的です。しかし、観察力の高い子どもは、いろいろなことに疑問を抱き、自分で情報を集めて分析ができる子どものことを言います。

子どもの観察力というと、どうしても対象物を観察する力を思い浮かべるかもしれませんが、本質的な観察力は、子どもが自分で気がつく観察力です。簡単にお伝えすると、「なんで？」「どうして？」という気づきです。

まだ幼い頃は、ママやパパに聞いてきますが、ある程度の年齢になってくると自分で情報を集めて解決しようとします。そのきっかけとなるのが観察力で、観察力の高い子どもは、他の子どもよりも考える力が培われ、さらに解決する力まで身につけることができるのです。自分の眼で観たものや、耳に聞こえたものに反応すると、考える力が働き出します。何にも反応しなければ、考えることもしません。いろいろなことに対して反応すると、つまり観察をはじめると、それに対しての疑問が生まれて考える思考が働き出しますから、観察力を鍛えれば鍛えるほど考える力も向上するのです。

子どもの観察力を養うには、まずは子どもが疑問に感じたことはママやパパに聞くのが一般的ですが、このプロセスを変えて、「お米はどうやってできるの？」とか、「ボールはどうして転がるの？」など、あえて子どもに簡単な質問をしてみましょう。ここで気をつけたいのは、子どもの年齢や性格、興味に合わせて聞くことです。もしかして、子どもにとっては当たり前だったり、疑問に思わなかったりすることでも、親から聞かれることによって、「そういえばどうしてだろう」という疑問が生まれます。そう言った流れが日常化すると、他のあらゆることにアンテナを張るようになり、どんなことに対しても観察して考えるという力が自然と身についていきます！

おかっちキーワード

子どもにあえて質問をしてみよう！

★子どもがやる気をなくす声かけ

「否定された」と感じる声かけは要注意

親はみんな、自分の子どもには「勉強を好きになってほしい」、「自分から進んで勉強してほしい」と思います。それもこれも、すべては、子どもの幸せを願う気持ちからなのはわかります。でも、実際には、なかなか思うようにはならず、その気持ちが空回りしている親がたくさんいます。

毎日、子どもに「何度言ったらわかるの！」、「自分でやるって言ったでしょ！」と言った厳しい口調で言う親がいます。しかし、これで子どもがやる気になるということはありません。むしろ、やる気が出るどころか、逆に……。

ほんの少しはあった「やっぱ、やらなきゃ……」という気持ちも摘み取ってしまいます。こういう言い方をされると、「否定された」と感じるからです。そう感じた瞬間に、人は心を閉じて、素直に受け入れることができなくなります。子どもは否定語でスポイル（頭や耳にフタをしてしまうこと）するんです。受け入れるどころか、「もう絶対やらない！」という気持ちにすらなります。また、こういう言葉を浴び続けると、親に対する不信感が出てきます。「ママは、ぼくのことを良く思っていない。大切にされていないかも」

このように、親に対する愛情不足感が出てきてしまう場合があります。そうなると、ますます素直になれません。しかもお互いの不信感が高まり、親子関係が冷え切ってしまい、ついには親子関係の崩壊という事態に陥ります。親に対する愛情不足を感じる子どもは、不安でたまらないので、親の愛情を確認したいという強い衝動に駆り立てられます。

さらに、こういう言葉を浴び続けると、子どもは自分に対する自信を持てなくなります。「自分はダメな子だ」と思い込んでしまうのです。このように感じてしまうと、自己肯定感が持てなくなり、自己否定感に支配されてしまいます。当然、チャレンジしてがんばる気力も出なくなります。自己肯定感が高い子どもは、仮にちょっとした壁があっても、「自分はできるはずだ」となって、乗り越えられます。声のかけ方ひとつで、雲泥の差が出ます。

おかっちキーワード

自己肯定感が持てるような声かけを心がけましょう

★子どもがやる気を出す声かけ

気持ちが明るくなってやる気が出る言い方

それでは、一体どのように声をかけたら良いのでしょうか。

おかっちは、いけないことはいけないと、はっきり伝えます。その時に大切なことは、「叱っていても、眼は微笑んでいる」ことです。そうすると、子どもは自分のことを心から心配してくれていると感じます。子どもがやる気を出す声かけは例えば、

「靴は靴箱に入れなきゃダメでしょ」→「靴箱に入れると玄関がすっきりするね」。

「今から用意しておかないと、明日の朝、間に合わないよ」→「今から用意しておけば、明日の朝は余裕だね」。

このように言われたら、子どもは気持ちが明るくなってやる気になります。

また、日ごろからこのような言い方を心がけていると、ものの見方そのものが肯定的なプラス思考になっていきますから、どうぞぜひTRYしてください。

「それがなかなかできなくて」とか、「わかってはいるけど……」と感じた時は、単純に促

してもＯＫです。例えば、「急がないと間に合わないよ！」ではなく、「急ごう」「急ぐよ」などのように単純に促します。とにかく、否定的に叱らなければ良いのです。そして、眼は微笑んだままで！

「食器を洗わないといけないでしょ！」ではなく、「お皿を洗おうね」「一緒に洗おう」。

「おもちゃを片づけなさいって言ってるでしょ！」は、「さあ競争でおもちゃを片づけよう！」。

「もっと集中しなきゃ終わらないよ」は、「さあもうひと踏ん張り！　がんばろうね♪」などです。

ただし、いくら単純に言っているつもりでも語調が怒った感じではとがめていることになりますから、努めて明るく柔らかな口調で。声のトーンが大切。そして、明るく柔らかな口調プラス、何度でもお伝えしますが、眼が微笑んでいることがとても大切なのです。ここが、子どもがやる気を出す声かけのポイントです！

おかっちキーワード

あくまでも、眼は微笑んでsmile smile smile♥

ちょっと休憩♪

おかっち川柳3

●だいじょうぶ　最幸最強　ポジティブ語

●誉めるって　やればやるほど　楽しいよ

●上手だね　誉めてくれると　うれしいよ

●成長を　観ている時が　幸せだ

●ロジカルに　物を伝える　グローバル

MIKASA

★指示・命令ばかりしてないですか？

子どもが抱える否定的感情

朝一番に、「早く起きなさい！」と言って、しばらくしてもまだ起きないから、「まだ寝ているの？」からはじまって、

「顔は洗ったの？」

「歯は磨いたの？　早くしなさい！」

「着替えなさい！」

「早く食べなさい！」

「残さないで！」

「肘はつかない！」

朝からそこまで言われて、今度は帰宅すると、

「靴はちゃんと揃えなさい！」

「汚いから早く着替えなさい！」

「テレビばかり見ないで！」

「お風呂で遊ばないの！」

「明日も早いんだから早く寝なさい！」と……。

一日中、次から次に指示・命令されているわけです。子どもは指示・命令され続けたことが、否定的な感情として、ずっと残ります。子どもは一日に指示命令を100〜150回受けるというデータがあります。どうしてそんなふうに言うのかというと、日本人は良いところをなかなか見つけられない文化だからです。

「おかっちはリンゴとバナナならどっちが好きですか」と聞くと、「おかっちはバナナが好き。なぜなら、リンゴは固いから嫌い」みたいに答えて、結論と理由は言えますが、バナナの好きなところはなかなか言えない文化なのです。どうしても、悪いところが先に目について、消去法になってしまう。本来ならバナナの好きなところを伝えるはずです。

これをポジティブな思考に切り替えると、良いところがたくさん見つかるようになりますから、まずは指示・命令口調をやめて、ポジティブ志向を親御さんから発信するようにしたら、子どももポジティブな思考になっていきます。

おかっちキーワード

ポジティブがポジティブを生む！

★子どもが輝く時

ポジティブ志向になれるタイミングがいっぱい！

大人も同じですが、子どもがどんな時に輝いているかと言うと、やっぱり誉められている時なのです。子どもは体を動かすことが好きなので、その環境をつくってあげることが大切です。

だからと言って、必ずしも外でなくてもいいのです。室内でボールコミュニケーションをやっていくと、脳育にもなるし、いろんな意味で良いことだらけです。

ママ、パパと一緒にいられるし、笑っている時、はしゃいでいる時、喜んでいる時、嬉しい時……、ポジティブ思考になれるタイミングがたくさんあります。身近な大人に認められると言うことは、非常に大切なことです。

あと、「観てくれている」と言う意識は、言葉にしなくても感じ取っています。それはボールコミュニケーションだけでなく、

「お風呂を洗っておいて」と言って、

「お風呂を洗ったよ」

「ありがとうね」だけでもいいですが、実際にお風呂場まで足を運んで、「きれいになったね。ありがとう！」と言うと、随分と違います。

子どもが輝くときは、眼が輝き、ぐっと前のめりになり、一気に主体的に変わり、心が躍動します。そしてそれは、誰かの役に立った時や、「自分でもできるかも」と思えた時、子どもは輝きを放つのです。

respect the children　子どもが主役！

おかっちキーワード

子どもは誰かの役に立った時も輝きを放ちます

★脳の8割が5歳までに完成します

子どもにはいろんな経験をさせて！

子どもたちの特徴を知っておくことで、子どもたちが大きく伸びようとする無限の力を最大限サポートできます。脳や知覚神経は、早い段階で100％になります。5歳で8割を超えるんです。

ということは、0歳から5歳までの間が非常に大切で、その基礎があるから、それ以降の年齢で飛躍的に伸びていくんです。

そのためには多角的な経験が必要で、親が子どもを「野球選手にしたい」「サッカー選手にしたい」と思っても、野球だけとかサッカーだけではなくて、5歳までにいろんな経験をしたほうが良いのです。水泳だったり、野球だったりサッカーだったり、縄跳びでも山登りでも木登りでも、多角的な経験が大切になってきます。いろんな経験を、すればするほど良いです。

子どもはもともと好奇心旺盛で、いろんなことに興味を持ちますから、安全に配慮しながら、ぜひ多角的な経験をさせてあげてください。

そして、子どもは親が笑顔でいると、それだけで楽しく、嬉しいのです。子どもは親の膝の上に座らせて遊んだり、勉強したりすると、ドーパミンが分泌されやすく、かしこさが育ちます。

パパ、ママのぬくもりの中、笑顔で見守られていると感じることは、子どもにとって何よりも幸せで安心なことです。安心で安全でなければ、脳は楽しさや嬉しさを感じることはできません。気をつけていただきたいことは、「脳を活かすための土台づくり」であり、英才教育や受験勉強の準備ではありませんから、そこだけ注意してください。

おかっちキーワード

親の見守りと温もりは最幸♥

★6歳以下の特徴とは

いろんな意欲が芽生える時期

小学生までいよいよあと一年。この時期は、学ぶことの楽しさや意欲が芽生え始めてくる時期です。勉強面でもコミュニケーション面でも、周囲の期待が高まり、出される課題が難しくなるので、「できない経験」も増えやすく、意欲も低下しやすい時期です。「できて楽しい！」という経験を多く積める工夫をすることが大切です。

ちなみに、6歳以下の特徴は以下の通りです。

・好奇心旺盛
・あらゆる事に疑問を持つ（何で？　どうして？）
・具体的な言葉しか理解できない
・自己主張が活発
・誉められる事で大きく成長する
・発育発達の個人差が大きい（他の子どもと比べない）

・身体を動かして遊ぶ事が大好き（運動）
・ずっと動いている（運動）
・子どもは近い大人に認められたい
・真似をしたい

年長さんになると集団生活になじみ、集団の中での自分を意識し始める年頃です。自立心が芽生え、周囲の物事に関心を示して積極的に関わっていこうとします。時には「できる」「できない」を通じて葛藤を感じることもありますが、それもまた成長を促進する大切な要素です。そのような年頃だけに、言葉によるコミュニケーションの不自由や、自分を思うようにコントロールできないというもどかしさは、本人にとって大きなストレスになるかもしれません。またそれが他の子どもに対する劣等感や苦手意識につながっても困ります。子どもの「できない」を「できる」に変えていけるよう、大変ですが、なるべくいつも気を配ってあげましょう。

おかっちキーワード

子どもは認められたがっています

★8歳以下の特徴とは

いろんなことにトライしてほしい年代

子どもの発育は個人差が大きいですから、他の子どもと比べるのは禁物。大切なことはトライ&エラーで、事故や大怪我につながらなければ、いろんなことにどんどんトライしてほしい年代です。

8歳以下の特徴をご紹介しましょう。

・集中力の持続時間は6歳以下に比べると長くなるがまだまだ短い
・グループ活動、集団行動に関心が出てくる
・めちゃめちゃよく動き回る
・誉められることが大好き
・走ったり、ジャンプしたり、登ったり、回ったりすることを好む
・スポーツヒーローの存在が大切になってくる
・ペース配分がまだ苦手

・スポーツが子ども達の「考えて行動する」力を発達させる手助けとなる

この年代は、とにかくめちゃくちゃよく動きます（笑）。また、この年代も誉められるとすごく喜びます。走ったり登ったり、ジャンプしたり回ったりと、運動のジャンルが幅広く増えてきます。ですから、この年齢になるとスポーツヒーローや、自分が憧れる人を見つける場合が多いです。

「おかっちの筋肉はステキ！」と思っている子どもに、筋肉が動くところを見せると喜びます。それも一つの憧れです。

ただ、ペース配分は苦手なので、全力で遊んで、バタンと寝る。そんな感じですから、この年代は思いっきり遊ばせてあげてください。

おかっちキーワード

ペース配分は苦手だけど存分に遊ばせて

★10歳以下の特徴とは

神経系の発達が大人のレベルに達する年代

この年代は、集中力も持続力も、ずいぶん長くなってきています。そしてここから、数年で神経系の発達が大人のレベルに達します。逆に言うと、この年齢で大人のレベルに達するということは、この年齢に達するまでの経験が、いかに大切か、とも言えます。そこには多角的な体験もありますが、この年代までに子どもの話をよく聞いてあげて、たくさんの会話をすることが大切です。

「ねぇ！　ねぇ！　あれはどうしてこうなるの？」という問いかけがあります。

子どもは、いつも疑問を持っています。その疑問に対して答えてあげたり、一緒に考えてあげると、いろんなものに好奇心をもったまま大人になれるんです。その時にきちんと相手をしなくて蓋をしてしまうと、好奇心がなくなってしまいます。ですから、この年代までに、たくさん会話をして、多角的な体験をさせてあげてください。

では、10歳以下の特徴をご紹介します。

・集中力の持続時間が長くなり、思考と行動を運動に繋げることが可能になる
・ゴールデンエイジに入る前に神経系の発達が大人のレベルに達する
・精神的にも身体的にも「幼児期」から「児童期」へと移行する大切な時期
・ペース配分という考え方が発達し始める
・説明は短くて簡潔、かつ目的を示す必要がある
・仲間からのプレッシャーを感じ始める
・家族以外の大人の存在が大切になってくる
・できなかったことができるようになったことを誉めてもらいたがる

精神的な面や身体的な面も、幼児期から児童期に入りますから、このことも意識してあげてください。この年代になると、ペース配分が少しずつできるようになってきます。

ただ、大人もそうですが（笑）、話をする時に子どもも長い話は嫌いですから、なるべく簡潔に話してあげてください。

おかっちキーワード

精神的な面や身体的な面も意識して

★12歳以下（ゴールデンエイジ）の特徴とは

真似をした動きがすぐに実践できる年代

この年代になると、いよいよ問題解決能力が発揮されるようになります。その時に大切なのが、これまで何度かお伝えしてきた、「なんでなの？」と質問された時に、親子で一緒に考える習慣をつけていたり、自分で調べて答えを導き出してきた経験が役に立つようになります。そして、友達が大切になってきますから、親と過ごす時間が減ってきます。

では、ゴールデンエイジと呼ばれる、12歳以下の特徴をご紹介しますね。

・問題解決能力が発揮されるようになる
・親と過ごす時間が減り、友達と過ごす時間が多くなる
・親以外の大人から心理的に暗示されるものが大切になる
・モラルの概念ができ、善悪の判断がつくようになってくる
・「大人への転換期にある」
・誉められた体験が伸びる要因となる

・運動に対する集中持続時間が随分と長くなる
・集団活動ができるようになる
・真似した動きがすぐに実践できる
・こんな人になりたい「あこがれの存在」が大きくなる

このように、この年代は大人への転換期にあり、集中持続時間が随分長くなりますし、しかも、真似をした動きがすぐに実践できるようになるのです。これはゴールデンエイジの特徴ですが、しかし、それができるようになるにはそれまでの体験が大切になってきます。また、「こんな大人になりたい」と、夢を持つようになります。野球選手になりたい。サッカー選手になりたい。そんな、あこがれの存在ができることによって、夢を持てるようになるわけです。一生に一度だけ訪れる、「即座の習得」。これが、ゴールデンエイジの最大の特徴と言えるでしょう。

おかっちキーワード

一生に一度だけ訪れる、「即座の習得」

★子どもと一緒にいる意図的に時間をつくる努力が必要

体を動かす体験型がおススメ

親子でいろんな時間を共有することは、とても大切です。

おかっちは、福山市の鞆（とも）の浦にある仙酔島で「絆プロジェクト」というプロジェクトをやっています。ここでは、何かをみんなで協力しながらつくります。

例えば、親子で山へ行き、みんなで竹を切って、そうめん流しのレールや箸をつくったりします。そうめんを茹でる器も竹を切ってつくります。カレーライスの場合は、手を切らないように、子どもたちがジャガイモをスプーンで皮を剥きます。ガタガタになったり小さくなったりしますが、親子で、建設的な共有時間でつくること自体が大切なのです。

そうすると、どんなカレーライスよりも最幸に美味しくなります！

実際、そういったことができている家庭と、そうでない家庭が存在します。おかっちは、少しでも多くの家族が、親子で共有時間をつくって欲しいと、いつも願っています。

その意味では、親子の時間をつくるために努力して欲しいと思います。しかも、時間を意図的につくろうとしてください。

そして、子どもと一緒にいるときは、できるだけ体を動かす体験型をおススメします。

体を動かすというのは、単に運動という意味だけではありません。さきほどの竹を切る作業もそうですし、砂場で山をつくることもそうですし、釣りでもいいです。一緒に体を動かしながら共有する時間をつくると、子どもたちはとってもに喜びます。

ですから、努力して親子で共有する時間、「親子時間」を、ぜひ意識してつくってあげてください。

これはおかっちhope♥

respect the children　子どもが主役！

おかっちキーワード

大切なのは、時間を共有する「親子時間」

★ノーテレビデー・ノーテレビタイムをつくる

親子の会話をONに！

テレビゲームやスマホはなくならないと思いますから、使う時間を決めたらどうでしょう。そうすると、ずいぶん変わってきます。……まぁ、まずは親自身が、スマホ時間を決めることも大切かなと思いますが（笑）。

結局それは誰のため？　なんのためかを、よく考えていただけたら嬉しいです。

テレビのスイッチをＯＦＦ
スマホのスイッチをＯＦＦ
親子の会話をＯＮに！

そしてやはり、大切なことは子どもの良いところを見て意図的に誉めてあげることです。ダメ出しは減らす。そして、具体的な言葉で眼は微笑んで♥　言い方を具体的にしつつ、眼は笑っている。これがとても大切です。

ダメ出しや指示・命令は、１日に１００から１５０回。それくらい言われているんです。

もしも大人から、親が同じ数だけダメ出しや指示・命令をされたらどうでしょうか。きっと立ち直れないくらいの精神的なダメージがあると思います。

おかっちは講習会で、コーチたちによくこう言うんです。

「今の指導方法で、もしもあなたが子どもだったら、教えてもらいたいと思いますか？」

と。

ママ、パパも同じです。

「もしもあなたが子どもだったら、今の親をもっていて嬉しいと思いますか？」。

このことは、おかっち自身も毎回心に問うています。子どもたちの前に立つということは、子どもたちの未来の一瞬に触れるということ。だからできるだけ良い準備をして、良い結果が生まれるように、より良い姿勢で臨みたいのです。

おかっちキーワード

もしもあなたが子どもの立場なら、そう言われて嬉しいですか？

★「誉める」と「おだてる」の違い

子どもに成長してもらいたければ

表現には「誉める」と、「おだてる」があります。「おだてる」は、上から目線です。そして自分のためであったり口先だけだったり、ときには、嫌われないためであったりします。要するに、特に自分を優位に立たせようとする傾向があるわけです。

それに対して「誉める」ことは、子どもを尊重したり、リスペクトすることになります。心を込めて子どもたちにもっと伸びて欲しい、喜んでもらいたいという気持ちを合わせもっているのです。そう考えると、「誉める」と「おだてる」はずいぶん違います。

だから、「ありがとう」の一言も決して機械的に言わないで、そばに行ってしっかりと眼を合わせて伝えてあげ、心を込めることが大切なのです。

誉めることとは、子どもに大切な心を伝えるチャンスです。常にポジティブな評価。ポジティブなフィードバック。そのことを覚えておいて、普段の生活で活かしてみてください。

ネイティブアメリカンの言葉にあります。しかめっ面で子どもに対応していると、しかめっ面をした大人になります。怒られてばかりいたら、怒ってばかりいる大人になります。不平不満ばかり聞かされる子どもは、不平不満ばかり言う大人になります。親が「あの人は」って、悪口や陰口を言っていると、子どもは悪口や陰口をいう大人に育ちます。

しかし、誉められると嬉しいですから、誉められて育つと、

「誉められて嬉しいな」

「誉められて楽しいな」

そんなふうに感じて、その誉める事に喜びを持って育まれていきますから、誉める時は心を添えて伝えてあげてください。誉めることに喜びや楽しさを持つようになります。

respect the children　子どもが主役！

おかっちキーワード

誉められて育つと喜びを持った大人に

ちょっと休憩♪

おかっち川柳4

●だいじょうぶ　おかっちいつもの　口癖だ

●いつだって　ポジティブがいい　みんなそう

●子育ては　今しかないよ　笑顔でね

●手元には　いつもスマホが　あるのダメ

●わっはっは　元気の源　笑い声

★本来のコーチの意味とは

「ベスト・サポーター」がコーチの意味

コーチ（Ｃｏａｃｈ）の語源は、ハンガリーの町「Ｋｏｃｓ」（コチ）からきています。この町で最初に四輪馬車が造られたのです。四輪馬車のことをコーチと言いました。

今はコーチと聞くと指導者という意味合いが強くなっています。ですがその場合は、「インストラクター」という呼称の方がしっくりします。インストラクトとは、「やることを告げること」という意味です。似た用語に「ティーチャー」もあります。これも、「なんらかの情報を与えて学習をサポートする、もしくはどうやるかを示すこと」を意味しています。両者共通するのは、「知識やスキルやノウハウなどの情報を与えて、どのようにやるかを指導するということ」なのです。

しかし、コーチとはインストラクターやティーチャーとは意味合いがまったく異なり、人間のマインドに関与する仕事です。もともとは「ベスト・サポーター」のことをコーチと呼びます。あくまでも、「サポートする」、という意味合いです。どちらかと言うと、現状の日本はティーチングになっています。

「○○をしなさい」

「○○を覚えておきなさい」みたいに。

本来のコーチは、

「目的地まで行くのをサポートする人」

「目標を達成する為の手助けをする人」

「夢を実現する為のサポーター」

つまり、自ら考えて判断する。そのために体験できる環境をつくったり、ヒントであったり、発問と言って「これはどうなんだろうね」、「こうするといいのかな」のように、質問とはまた違う形で答えを引き出すやり方。それが発問です。コーチは、この発問型が良いと思っています。

「四輪馬車に乗って、あなたの夢が実現するサポートをします」

これが本来のコーチの意味です。

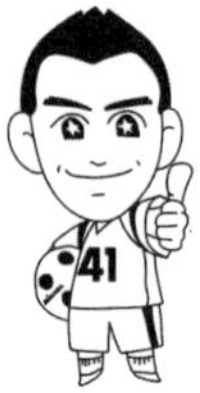

おかっちキーワード

コーチはベストサポーターと再確認しよう!

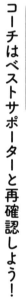

★みるみる伸びる3つのコーチング

誉める時は具体的に！（指導者、先生必見！）

改善策を考えるよりも、得意なことを伸ばす方が、必ず成功体験が増えていきます。その積み重ねによって自信がつきます。例えば、おかっちはサッカーによって自信をつけていく。それは得意分野ですから。もともと体が丈夫で、今も体が丈夫であることが、得意分野を伸ばした結果になっているのです。

子どもの成長を促進するのも、ポジティブな言葉の積み重ねによって成長が加速されます。しかも誉める時は、あくまでも具体的に。

1．何が良いのか？
2．何故良いのか？
3．どのように良いのか？
4．どのようにすれば更に良くなるのか？

このように具体的に誉めてあげてほしいのですが、誉める時は、あくまでも微笑んだ眼と笑顔で、を忘れずに！

おかっちキーワード

観察力アップで具体的に誉めよう！

★コーチングの種類

コーチングの種類をしっかり理解

さて、ここで子どもの成長を促進するために必要な、コーチングの話をしましょう。コーチングには3つのコーチングがあって、

・ミーティング
・シンクロコーチング
・フリーズコーチング

の3種類の指導方法があります。それぞれのコーチング手法によってメリット、デメリットがあります。

まず、ミーティングは、試合後やトレーニングの合間や後に選手を集めてプレーを振り返り、話し合うことで良いプレー、課題や改善点を全員で確認するコーチングの方法です。

話し合いをすることで選手、指導者、チームとしての共通理解が高まります。そして、選手全員で話し合うことによって、一人では気付きにくかったことが他の選手の意見で気

づくきっかけになることがあります。ただ、言葉での説明になるため、状況が伝わりにくく、細かい話をすると理解できない場合があります。それと、ミーティングは集中力、モチベーションを維持するのが難しいです。

シンクロコーチングは、トレーニング中にプレーを止めずにコーチングをおこなう方法です。シンクロコーチング中、子どもたちはプレーをしていますから、指導者はタイミング良く具体的にコーチングをおこなうことによって、選手たちに「気付かせる」、「考えさせる」ことができます。

プレー動作自体を止めずにコーチングをおこなうので、子どもたちの集中力やモチベーションが高いままでコーチングがおこなえます。また、タイミング良く具体的に伝えることができれば、子どもたちの印象に残りやすく、子どもが置かれていた状況やコーチングの内容を覚えやすくなります。ただし、プレーの一連の中でのコーチングですから、言われた選手にしか伝わりにくく、他の選手たちにはあまり伝わらないことが多いです。加えて、チームとしてある程度の共通認識がないと、改善点や誉められた点を理解しづらいケースも見受けられます。

フリーズコーチングは、トレーニング中に良いプレーや改善したい現象が発生した時に、選手たちの動きを止めてコーチングをする方法です。チームとしての共通認識を持ちたいときに、今起きた現象を指導者や選手がデモンストレーションし、改善するためにはどうするかを指導します。

シンクロコーチングと違い、プレーを止めてコーチングをおこなうので、他の選手たちにもコーチングが伝わりやすいです。良かったプレーや改善する現象が再現できるため、状況やコーチングの内容が理解しやすくなります。デメリットがあるとすると、プレーの流れを止めてしまうので、選手たちの集中力やモチベーションを下げてしまう場合があります。さらには、改善したい状況でフリーズをかけた場合、その選手はミスを指摘されたと心理的な負担に感じることがありますから、この点は注意が必要です。

おかっちキーワード

3つのコーチングをバランスよく組み合わせよう

★観察力の大切性

枝も見て、森も観てみよう

子育てでも大切なことのひとつに、「観察力」があります。

まず、子どものなにか一箇所を見ます。部分的に今日どうだったか。次に一週間の単位で見ます。そして、一ヶ月単位で捉えたりして、分析をします。

「なぜうまくいかないのか」

「なぜ上手にできないのか」

「なぜ上手にできたのか」

そういった分析をする時に必要なのが、観察力です。

サッカーのコーチングでも、一人だけを観る。周囲の動きを観る。試合全体を観る。その積み重ねをして、分析するのです。

「なぜゴールされたのか」

「なぜゴールまで行くことができたのか」

この方法は、子どもを観る場合も同じです。

枝を観る。
葉っぱを観る。
木を観る。
林を観る
森を観る。

そうやって、どこのどのような景色なのかを見ていくわけです。もしも全体しか見ていなければ、部分が見えません。部分だけを見ていたら、全体が見えません。またこれは同時に、変化する社会の中でこれからの子ども達に求められる力でもあります。

変化するものは、どんなものがあるかを挙げてもらうことがあります。例えば、日本人の数は減って、外国人の数は増える。地球温暖化で気温が上昇する。自然環境も変化しています。昔使っていた言葉が消えつつあり、新しい言葉が増えています。

そして、高齢者の数。これはもう超高齢化社会へと変化し続けています。また、大学入試制度や、小学校の授業も変わるでしょうし、消えていく仕事も、これから新しく生まれてくる仕事もあるでしょう。生産年齢人口も減少しています。少子化もスピードアップしていくでしょうし、そしてデジタル化社会への移行は今後さらにスピードアップすると思います。

そんな中で危惧されるのは、コミュニケーション能力の低下です。デジタル化社会の中で、いずれは思考力、判断力、表現力や行動力が低下していくかもしれません。

特に表現力。自分の考えを、相手に伝えることができない大人が増えています。逆に、これからはＳＮＳ上での恋愛が増えてくるでしょう。顔の見えないコミュニケーションが増えていきます。しかも、それが低年齢化しています。もともと、コミュニケーションが取れない状態から、今の子どもたちはスタートしますから、そのことは意識してください。

コミュニケーションは、人と人とをつなぐ、大切な架け橋になるものです。言葉によるコミュニケーションの他にも、文字やボディランゲージ、アイコンタクト、表情など、様々な方法で人間は意思疎通を図ろうとしています。

とはいえ、言いたいことがあっても、それがうまく表現できないとイライラしたり、悲しくなったりしてしまいますし、相手にしっかりと伝えたつもりでも、誤解されたり、意味が伝わらなかったり、不本意な経験をすることも、誰でも少なからずあるでしょう。

コミュニケーションで大切なことは、「相手がわかってくれたものと思い込まない」ということです。ですから、まずは伝えたいことをはっきりと認識し、そのための様々な表現方法を見出したら、今度は意識を相手に向けてみましょう。そして、相手の状況に見合ったコミュニケーションは何だろう？　と考えてみましょう。表現方法の中でどれが一番ふさわしいのか？　あるいは、それ以外に有効な方法があるのか？　を考えてみることが大切です。

おかっちキーワード

コミュニケーションは、人と人とをつなぐ大切な架け橋

★ロジカルコミュニケーションとは

「ねぇ！　聞いて！」が聞こえたらビッグチャンス！

ロジカルコミュニケーションとは何かと言うと、

・自分の考えを分かりやすく相手に伝える技術

スポーツ選手で成功している人は、これができています。

「なぜうまくいかなかったんだろう」

「なぜ失点したんだろう」

そうやって、筋道を立てて、自分で突き詰めていくことができます。

・考えを整理し、筋道を立てて伝える技術

言葉の筋道や矛盾を聞き分けることが、日本人は苦手です。お互いの考えがはっきりと分かり合えるようにするためには考えを整理して、筋道を立てて伝える技術が必要です。

そのためには、子どもの考える力を育てることが大切になります。ぜひとも、自分で考えて判断できる大人に育ててあげてください。

他にも、ロジカルコミュニケーションとは、
・相手の言葉の不足や矛盾を聞き分ける技術
・お互いの考えがはっきりと分かり合えるようにする技術
・お互いの疑問や問いに明確に答える技術
を言います。本書の前半にも書きましたが、**これからグローバル社会をリードしていく子どもたちの未来のためにも大切なことなので、何度でもお伝えします。**


「ねぇねぇ！　聞いて聞いて！」

「あのね！　今日ね！」

って、子どもは喋りたいことがたくさんあるんです。ママ、パパは、その瞬間に聞いてあげてください。

「ねぇねぇ！」

この言葉が聞こえたら、ママ、パパはビッグチャンスだと思ってください。子どもはいつまでも言ってくれませんから、そこは要注意です。小学校の後半には、友達の方が大切になってきます。その後、反抗期がきたら、

「学校のことを少しは話しなさいよ」と言っても、もう言ってくれません。子どもは内心、「だって聞いてくれなかったじゃん」という、幼い頃に経験したトラウマのようなものが、潜在意識が働いているからです。

そうではなく、自分の考えを、わかりやすく相手に伝える。これを小さい時から習慣にしていくことが大切です。ヨーロッパでは一緒に絵を観て、

「この絵の季節はいつだろうね」

「この人は何がしたいと思う？」

などと、具体的な言葉にして会話をしていくことによって、ロジカルコミュニケーションができるようになります。

日本式のコミュニケーションの問題点は、

・お互いに察しあうことを大切にする「言わなくてもわかってくれるだろう」
・はっきりとわからなくても相手に確認しない
・相手の問いに直接答えない
・曖昧な質疑応答をする

・考えの根拠を明らかにしない傾向がある

日本の察する文化では「ママ、喉が乾いたからジュースが飲みたい」と言わなくてはならないところを、「喉渇いた」、「ジュース」と一言ですましてしまう傾向があります。これは、「言わなくてもわかってくれるだろう」という、「以心伝心」なのです。そのような会話では、グローバルスタンダードでは通用しません。しかも、「たぶんこうだろうと」と思い込んで、確認しないことも多くないですか？

「腹減った」と子ども供が一言だけ言って、ママが、

「じゃあ、○○をつくってあげるね」とすぐに返答するのではなく、

「その前に、今日の学校は楽しかった？　何がどう楽しかったの？」とまず聞いてから、

「じゃあ、○○をつくってあげるね」

こういう会話が望ましいですね。

respect the children　子どもが主役！

おかっちキーワード

具体的な言葉にして会話をしてみましょう！

★まずは大人が論理的に

わざと察しの悪い返事をしてみよう

日本の「察する文化」は、世界的な視点から見て特殊なんです。ママが、「今日の幼稚園はどうだった?」と聞いても、「まぁまぁ」とか「別に」とか、「ビミョ〜」などと返事があり、「そうだったのね!」と言ってしまう文化があります。ここでの問題は「どうだった?」の質問が抽象的で曖昧だということ。

それはコーチをやっている人でも、同じようなケースがあります。

「何やってるんだ!」

「いつも言ってるだろ!」

そう言われても、頭には「?」マークが浮かぶだけです(笑)。そんな「察する文化」に対抗して、わざと察しの悪い返事をしてみましょう。

例えば子どもが、

「ねぇ、リモコン！」と言ったとしましょう。

すると、ママはわざとこう返事をすると……、

「リモコンがどうしたの？」

「取って！」

「どうして必要なの？」

「テレビを観るからだよ！」

「誰が？」

こうなると、険悪なムードになりかねません（笑）。そうではなく、子どもがきちんとママにお願いできるように、日頃からロジカルな会話ができるようにしたいですね。察しの悪い返事を意図的にしながら少しずつ子どもと一緒に論理的で具体的な返答ができるようにしていくことが大切です。

例えば、こういうふうに。

「ぼく、これからサッカーの試合をテレビで見たいから、ママの隣にあるリモコンを取っ

て」

「サッカーの試合を観るのね！　わかったわ。はいどうぞ！」

これではじめて、具体的で噛み合った会話が成り立つんです。そのためには、まず大人に論理的な思考が求められます。

・「なぜ」「どうして」にしっかり答えてください。しつこい質問をうるさいとは、極力思わないで。

・次に、親が曖昧な質問をしないように気をつけましょう。「どうだった？」、「どう？」と曖昧に聞くのではなく、質問の基本は5W1H（いつ・どこで・誰・何・なぜ・どんな）をベースにしてください。

・そして、答えをボカさないことが大切です。例えて言うなら、「サッカーとかが好き」だと、「サッカーとかって他には何が好きなの？」となってしまいます。

・また、話が横道に逸れないように気をつけながら、噛み合った問答を心がけてみましょう。

このように、今の子どもたちに決定的に不足しているのは論理的なコミュニケーション能力です。コミュニケーション能力は、いうまでもなく言語が中心となります。子どもたちは「あの先生、ウザいね」と言いますが、なんでウザいのか説明する言葉をもちません。友達同士でなんとなくわかった気になって、コミュニケーションが成立したと錯覚しているだけです。

そんな子どもたちを待っている将来は、異質な人間同士が共存するグローバルな社会です。昔のように察してくれるような社会は、いずれ日本のどこにも存在しなくなります。社会における多様性がますます進行していくのは間違いありません。国の政策としても、海外労働力の受け入れに舵を切りました。そうすると、これまで以上に海外から多種多様な人材が日本にやってくることになります。

そこで、「察することが通用しない」異質な人たちと共存するグローバル社会が到来。いくら偏差値が高くても、コミュニケーション能力が欠けていたら、社会で活躍するのは難しいでしょう。ということは、子どもの頃から言語を論理的に使って、論理的に物事を整理して、論理的に説明できるように日常から心がけることが大切になってくるのです。そのためには、まずは大人が論理的に話すことが大切です。

おかっちキーワード

具体的で噛み合った会話を心がけましょう

虐待防止につながるコミニュケーションの方法

★グローバル・スタンダードとは

グローバル・スタンダードは「世界標準」を意味していますが、では、グローバル・スタンダードとはどのような話し方なのでしょうか。一例を紹介します。

・最初に自分の主張、考え、結論を述べる。
・その理由、根拠を明確に示す（なぜなら～）
・理由、根拠についてわかりやすく説明する。
・結論をもう一度確認して締めくくる（ですから～なのです）

例えば、リンゴが好きか嫌いかと聞いても「栄養もあって体にも良さそうだし、歯応えもあって食感がいい。だから好き」と言うのか、それとも、グローバル・スタンダードのように結論を言ってから理由をより明確に言って、「だからリンゴが好き」と言うのか。この差は大きいです。「好き」か「嫌い」かを選んだものの理由を、なかなか口にできません。

ちなみに、ロジカルなコミュニケーションは、虐待防止につながります。なぜかというと、大人は失敗した時に、例えば子どもが失敗すると、指導者が暴言を吐いたり体罰をすることがあります。子どもがミスをした時に、指導者は「どうすればうまくいくか」と言うことを考えたら、決して腹が立つことではありません。ミスして当たり前。シュートを失敗して当たり前なのですが、

「そんこともできないのかよ!」

「グラウンドを走ってろ!」

で終わってしまう場合があります。しかし本来は、

「軸足が離れていたからキックミスになったんだよ」

「コンパクトに振り抜くとシュートまで行けたよ」

「ボールを最後まで見ていたら、次はうまくいくよ」など。そう言われたら、子どもは論理的に考えます。大人がポジティブかつ論理的に考える習慣を身に付けると子どもが論理的に考えるように伝えたら、虐待はなくなります。

おかっちキーワード

リスペクト・フォー・チルドレン

★コンセンサスゲームをやってみよう！

大人と子どもで互いに尊重しながら相談して決める

ＮＡＳＡもしている「コンセンサス・ゲーム」と呼ばれるゲームがあります。「コンセンサス」とは「合意」のことです。ですから、コンセンサス・ゲームとは合意形成についてのゲームということになります。このゲームの狙いは、参加者がどのように合意形成するのかを確かめ、そのことを参加者自身に気づいてもらうことにあります。

つまり、正しい答えや、良い成績を求めることがゲームの主たる目的ではありません。そのため、このゲームでは正しい答えを導き出すことができたかどうかではなく、グループのなかでどう合意を得ながら話し合いを進めていけるかどうかが大切です。

具体的には、「キャンプに持っていくもの」、「海水浴に持っていくもの」、「運動会に持っていくもの」などを決め、必要なものに優先順位をつけてください。正解はありませんが、正解に近いものを順番に共同で決めていきましょう。

このゲームを通じてみなさんに実感してもらいたいことは、合意形成の難しさです。だから、大切なことは、何かを達成したという達成感や成功体験ではなく、思い通りにならなかったという悔しさ、モヤモヤ、そして、失敗体験です。
また、ある程度合意形成がうまくいった親子やグループでは、個人の成績よりもグループの成績の方がよくなる傾向にあるということも、特に大人には知っておいてもらいたいことのひとつです。

(例)「キャンプに持っていくもの」
次のものに優先順位をつけてください。
1. 日焼け止めクリーム
2. 飲み物
3. レジャーシート
4. パラシュート
5. クーラーボックス
6. バーベキューセット

7. 食材
8. タオル
9. バドミントン
10. 炭
11. 寝袋
12. テーブルセット
13. しゃぼん玉
14. 着替え
15. テント

問題は難しいですが、最善と思われる答えを、大人と子どもで話し合って導き出しましょう！

おかっちキーワード

やってみたら、意外におもしろいコンセンサスゲーム！

★頭をフル回転させる運動

感覚が研ぎ澄まされていく○BC

おかっちボールコミュニケーション○BC、はいつでも、どこでも、誰でもカンタンにできるボールコミュニケーションです。○BCは、判断を伴うボール運動です。そのため、脳が活性化しますし、高齢者は認知症の予防になります。

おかっちボールコミュニケーション○BCで言う判断を伴う運動とは、「観る」「アラート」「聞く」「声に出す」「予測」などのことです。アラートというのは、「心を研ぎ澄ませ」、「油断するな」、「用心しろ」といった意味で使われます。英語の表現に「be alert」という言葉があり、これがサッカーでそのまま使われています。

例えば○BCで言うと、投げる時におかっちが「動物！」と言って投げると、ボールをキャッチするまでに動物の名前を一つ言うなど。そうやって、感覚が研ぎ澄まされていくわけです。突然「虫！」と言われたら、キャッチするまでの間に虫の名前を思いつかないといけない。つまり、何を言われるかがわからないから、感覚が研ぎ澄まされていくんです。頭を高速回転させて予測するわけです。

それに対して、デジタル機器の弊害のひとつは、「平面画面依存症」に陥ることです。平面画面依存症になると、コミュニケーションがとりにくくなります。

代表的なデジタル機器としては、テレビ、スマホ、テレビゲーム、タブレット、パソコンなどがありますが、特徴としては、

・奥行きがない、一方通行
・視力低下、空間認知能力低下の恐れがある
・焦点を合わせるのに時間がかかる
・コミュニケーション能力低下
・巧緻（こうち）性の低下
・四六時中ゲームが気になる

などが挙げられます。

最近「スマホ認知症」という言葉がありますが、これはスマホでなんでも調べられるので、考える必要もないですし、記憶する必要がなくなることです。

また、スマホには「ブルーライト」という青色光が入っています。最近は体内時計への影響も注目されています。スマホの普及によって夜にブルーライトを浴びる機会が増えてきました。そのために眠れない人が増えています。子どもたちがブルーライトの影響を知らずにデジタル機器にのめり込んでいくと体内時計のリズムが乱れて、朝、起きられなくなります。

おかっちボールコミュニケーションＯＢＣは眼の運動にも効果的です。しかも競技ではありませんから、失敗しても笑えますし、ストレスになりません。そして、みんなが笑顔になれる。それが、「おかっちボールコミュニケーションＯＢＣ」です。

つまり、おかっちボールコミュニケーションＯＢＣは、「ミス肯定ボール運動」なのです。この部分が一般的なボール競技と大きく異なる点です。頭で考える、キャッチボールをする、足踏みをするなど同時に多くの部分を活動させることが健康年齢アップに効果的なのです。

おかっちキーワード

おかっちボールコミュニケーションは、「ミス肯定ボール運動」

ちょっと休憩♪

おかっち川柳5

●ポジティブな　考え発想　超元気

●これな～に　考えるときが　楽しいね

●子どもより　大事に扱う　マイスマホ

●OBCで　健康寿命を　上げようよ

●ボールがね　あればみんなで　笑顔だよ

★OBCは失敗しても笑える運動

五感にアプローチしてみんなが笑顔!

おかっちボールコミュニケーションOBCは、五感にアプローチし、失敗しても笑える運動で、ストレスにならない上に、みんなが笑顔になれます。さきほどもお伝えしましたが、OBCはミス肯定ボール運動であり、脳育ボール運動でもあります。そして、こんな運動でもあります。

・デュアルタスクボール運動

デュアルタスクとは同時に二つ以上の課題をおこなうことを指します。ここではキャッチボールという課題と同時におこなう足踏みという課題。手を叩くという課題。聞いて話すという課題。そういうふうに、課題がどんどん変化していったら楽しいのです。

デュアルタスクを使うとお年寄りの健康増進だけではなく、子どもや生産年齢世代のパフォーマンスアップにつながります。サッカーのミッドフィルダーは相手の動き、味方の動きを瞬時に捉え、ゲームを組み立て、パスを送る、究極のマルチタスカー（同時に複数の仕事をおこなう人）です。仕事のできるサラリーマンは二つ以上の仕事を同時にこなし、周囲や家族への気配りも忘れる事はありません。お年寄りだけではなくて子どもやママ、パパも、家族がみんなでこのデュアルタスクを身につけたら、とってもステキです。

・リアクションボール運動

もしも相手が投げなかったら、体を動かさないままです。しかし、確実に投げることがルールになっています。これはコミュニケーションの基本です。相手の動きに合わせて、自分の動きを素早く切り替えることによって、運動神経のアップに繫がります。

・アイコンタクトボール運動

おかっちは**愛コンタクト**とも呼びます。愛とつけているのは、微笑んだ瞳で観てほしいという気持ちがあるからです。ママたちによく聞くんです。日常生活ではさほど目が合うこともないと思いますが、目が合う時というのは、「こっちを向いて聞きなさい！」などと怒っている時が多いです。それは指導者も、先生もママ、パパも。

しかし、叱られるよりも、微笑んだ眼で観てあげる方が良いに決まっています。そしたら、子どもはその大人に「近寄りたい」と思うようになります。眼が微笑んでいるか、それとも怒りの眼か。まったく違います。

・スマイル創出ボール運動

愛コンタクトを楽しみ、声を出して笑う。ＯＢＣによって、自然と笑顔が創出されてきます。

さて、ここで改めて、おかっちボールコミュニケーションＯＢＣの約束をまとめてみます。**いつでも・どこでも・誰でもカンタンにできるおかっちボールコミュニケーションOBC**は、健康寿命のアップに繋がり、幼児から高齢者全ての人の脳育に有効です。失敗してもストレスを感じることなく、笑顔が溢れて家族のコミュニケーションが円滑になります。

おかっちボールコミュニケーションＯＢＣの約束

・声を出して笑う
・愛コンタクト（アイコンタクト）
・微笑んだ眼をする
・ミスを楽しむ
・愛ビームが届く距離
・目が合うことを楽しむ
・表情をしっかり観察する
・脳育を楽しむ

このようにいくつかありますが、聞いて観て判断することが楽しくなる。それが、おかっちボールコミュニケーションOBCです。だからOBC、おかっちボールコミュニケーションOBCが良いのです。

おかっちキーワード

OBCは聞いて観て判断することが楽しくなる！

★運動が生活の質を改善する

身体活動が、健康年齢をアップさせる！

厚生労働省によりますと、「身体活動量が多い者や、運動をよくおこなっている者は、虚血性心疾患、高血圧、糖尿病、肥満、骨粗鬆症、結腸がんなどの罹患率や死亡率が低いこと、また、身体活動や運動が、メンタルヘルスや生活の質の改善に効果をもたらすことが認められている。更に高齢者においても歩行など日常生活における身体活動が、寝たきりや死亡を減少させる効果のあることが示されている」とのことです。

平成30年度の国民栄養調査によれば、運動習慣のある人の割合ですが、男性が31・8％、女性が25・2％でした。一日平均歩数の平均値は、男性が６７９４歩、女性が５９４２歩です。推奨される平均歩数は、男性が９２００歩、女性８３００歩程度を目標とされていますから、いずれも少ないことがわかります。ちなみに、１０００歩は約10分の歩行で得られる歩数です。

１．一日一万歩の根拠ですが、これも厚生労働省のデータによりますと、週当たり２００

０ｋｃａｌ（１日当たり約３００ｋｃａｌ）以上のエネルギー消費に相当する身体活動が推奨されています。この、一日当たり３００ｋｃａｌのエネルギー消費は、一万歩に相当します。

2．参考までに、運動習慣者を週2回以上、一回30分以上、一年以上継続して実施している人は、70歳以上の高齢者における運動習慣者で男性が36・2％となっており、女性が23・9％となっています（平成9年国民栄養調査）。

3．そのようなことから、厚生労働省は一日平均一万歩以上歩くことを目標にすることを推奨しています。

4．まずは週2回以上、一日回30分以上の息が少しはずむ程度の運動を習慣にしてみましょう。

5．【歩く効用】下半身には、からだ全体の筋肉と血液が、なんと約7割も集まっています！

おかっちキーワード

週二回は運動する習慣を！

★子どもの夢中力をボールコミュニケーションが育成！

ボールコミュニケーションの刺激はすべて脳に届く！

おかっちボールコミュニケーションOBCは、子どもの集中力にどのような影響を及ぼすのでしょうか。

ボールコミュニケーションは、身体的な運動効果はもちろんのこと、脳への刺激も得ることができます。動くボールを目で追うことによる空間認識。足踏みや片足立ちなど、複数のアクションを同時におこなうことによる、神経経路の活性化。ジャンケンや問答を取り入れることによる、判断力や知覚へのアプローチ。これらの刺激は、すべて脳に届いています！

ボールコミュニケーションは、相手やボールをよく見ていないとクリアできません。しっかり聞いていないと間違えてしまいます。そういったメニューを織り交ぜて、ボール運動の最中は常に脳が研ぎ澄まされたアラート状態を作り出します。アラート状態の子どもたちは敏感です。瞬間的な判断やリアクションのために、最大限の集中力を発揮します。

子どもには集中力があります。普段は集中力を出すことができない環境にいるだけなのです。おかっちのボールコミュニケーションイベントでは、長いときは2時間、ボールコミュニケーションをおこなっています。そろそろ終わろうとすると子どもたちは息を切らして汗だくになりながら、「もう終わりなの？　もっとやろうよ！」とさらに求めてきます。**集中していると、2時間はあっという間なんです！　実はこれは集中力ではなく夢中力なのです。**

ボールコミュニケーションOBCでアラートの状態、つまり集中している時間を作ることによって、子どもたちは集中する感覚が自然に養われていきます。大人が「集中しなさい！」と言わなくても、その状況を自然と作り出すことができるようになるのです。これが、ボールコミュニケーションの驚異の力です！

おかっちキーワード

集中していると、2時間はあっという間！

★その場足踏みボールコミュニケーションの健康効果

ボールコミュニケーションの健康効果はステキ！

いつでもどこでも、誰でも気軽にできるおかっちボールコミュニケーションOBC。ボールコミュニケーションは、その場で足踏みをしながらおこなうボールコミュニケーションもできることから、「その場足踏みボールコミュニケーション」としても絶大な健康効果があり、その健康効果は以下のようになっています。

①糖と脂肪が燃焼して、糖尿病を予防・改善する
②血液の循環が良くなって、血圧が安定する
③新陳代謝が良くなって、健康的にダイエットができる
④ビタミンやカルシウムの吸収効率が高まり、骨粗しょう症を予防・改善する
⑤リズム運動がセロトニンを活性化し、心身の健康バランス（自律神経）が整う
⑥その結果、健康の3要素である「快眠・快食・快便」を実感できる
⑦脳への血流促進とほどよい刺激が、認知症などの予防・改善につながる

いかがですか？　本当にステキです！　これほどの効果が、「その場ジョギング（足踏み）・ボールコミュニケーション」で得られるのです。ですから、子どもと親だけでなく、おじいちゃん、おばあちゃんもぜひやってみてください。そうすればさらに共有時間が増えて、ますます**みんなで常笑喜流に乗れます！**　我々の身体は本来、自ら何かの病気を防いだり治したりする力が備わっています。そんな人体の回復予防機能は『免疫機能』と呼ばれ、この本来我々が持っている治癒力をいかに高めておくかが健康を保つ上においては大切です。

また、うつ病を軽減させる効果のひとつに、神経伝達物質の『セロトニン』の分泌があります。セロトニンは抗うつ薬や中毒性の薬物でも用いられる物質で、満足感や幸福感を生み出すのがこのセロトニンと言われています。セロトニンは約4000万もの神経細胞に直接にも間接にも働きかけ、運動の後は実際セロトニンの濃度が上がったり、その原料であるトリプトファンが増加することが多くの研究により明らかになっています。

おかっちキーワード

OBCで笑顔と健康が増えて最幸！

★その場足踏みボールコミュニケーションの実践例

おかっちボールコミュニケーションOBCの健康効果が実感できる！

ウォーキングは、からだ全体の筋肉と、血液の約7割が集まっている下半身を動かすことで、全身の血流が良くなり、穏やかなリズム運動によって自律神経のバランスも整います。自律神経は食べものの消化吸収や排泄、睡眠に深く関係していますから、「快食・快便・快眠」という健康の3要素をすぐに実感できるようになります。

「でも、いざウォーキングするとなると、なかなかまとまった時間がとれないなぁ…」。そんな方にオススメなのが「1分間その場足踏みボールコミュニケーション」です！

暑い夏や寒い冬には、散歩へ出掛けるのがちょっと億劫になることがあると思います。そんなときは、「足踏みボールコミュニケーション」。テレビ番組を観たり、なにか考えごとをしながらだと、あっという間に時間が経ってしまいますが、基本的にはそんなに長く実践する必要はありません。食後に良いとされている歩数も300歩。時間にして約3分です。一度にたくさんの歩数（時間）を歩くよりも、毎日続ける方がずっと大切です。

まずは1分間。次に紹介するようなやり方ではじめてみてください。食後に限らず、1日に何度でもどうぞ♪　習慣になるころには、前述のさまざまな健康効果を間違いなく実感できます！

おかっちキーワード

おかっちボールコミュニケーションがあれば
だいじょうぶ！　だいじょうぶ！

★ボールコミュニケーション1人ウォーミングアップの実践例

それでは、最初に1人ボールコミュニケーションをおこなう実践例をご紹介します。最初は、

①前半（約30秒間）ゆっくりとした動きで腕と肩のストレッチをしましょう。最初は、少しずつ足を上げて、その場足踏みをしながら、同時に両腕も少しずつ徐々に振っていきましょう。身体が温まってきたら少しずつ両腕を前後に大きく振って、鎖骨と肩甲骨が動いていることを意識してみましょう。

②中半（約30秒間）の最初（約10秒間）は、いよいよボールを両手で持ち、ボールを両手で1メートルくらい投げ上げてキャッチしてみましょう。

③中半（約60秒間）の残りは、その場足踏みをしながら、同時にボールを投げ上げて、キャッチをしてみましょう。椅子に座ってやるのも有効です。

④後半（約60秒間）は、その場足踏みをしながら両手でボールを投げ上げてキャッチするまでに一回手叩きしてみましょう。慣れてきたらたくさん手叩きを、できるだけたくさんやってみましょう！

★2人ボールコミュニケーションウォーミングアップの実践例

次に、2人ボールコミュニケーションをご紹介します。

①前半（約30秒間）の10秒間2人で畳一畳分（約2メートル）の距離を取って向かい合います。距離が離れすぎないことがとても大切です。吐息や温もりを感じられる距離、愛コンタクトがしっかりとできる距離。

ボールを1個準備します。両手で下からゆっくり優しくキャッチしやすいボールを投げてみましょう。その時にアイコンタクトを意識してみましょう。

②前半（約30秒間）の残りは、その場足踏みしながらキャッチボールをしてみましょう。

③中半（約60秒間）その場足踏みしながらボールを投げたら、1回手叩きをしてみましょう。

④後半（約60秒間）次に、ボールをキャッチする前に1回か2回、手叩きをしてみましょう。

★ボールコミュニケーションでしりとり！

さぁ！　ここまでできたら笑顔と笑い声も出て、汗もじわっと出てきたと思います。休憩をはさんで、喋ると聞く（聴覚）をいよいよ取り入れていきましょう！

①（約120秒間）ボールコミュニケーションをしながら「しりとり」をしてみましょう。

②「しりとり」ができるようになったら、今度はボールを投げた後、キャッチする前に手叩きを入れてみましょう。もちろんその場足踏みをしながらです。できる方はその場ジョギングにしてみましょう。

ステップ1　（例）「動物ＯＢＣ」でしりとり。「動物」と言ってボールを投げる↓「いぬ」など、動物を一匹言ってからボールをキャッチする。

ステップ2　（例）「調理済み食べ物ＯＢＣ」でしりとり。

ステップ3　（例）「虫ＯＢＣ」でしりとり。

次に「虫」と言ってボールを投げる↓「とんぼ」など虫を一匹言ってからボールをキャッチする

※上記の方法で、今度は「果物か野菜」

※反対にもトライしてみましょう！

（例）「とんぼ」↓「虫」「りんご」↓「果物」

ステップ「動物、虫、果物、野菜」のうち一つを言ってから投げてみょう。

ステップ4　色OBC　（例）「赤」↓「いちご」「みどり」↓「草」

ステップ5　連想OBC　（例）「おもち」↓「白い」↓「雲」↓「わたがし」↓「甘い」

ステップ6　応用編　動作OBC　（例）「頭」↓頭を触ってからキャッチする「耳」↓耳を触ってからキャッチする

ステップ7　「果物と野菜」OBC　（例）「今日の給食はなんだった？」↓「シチュー」

ボールコミュニケーションが終わったら、肩の力を抜いて軽く目を閉じ、深呼吸しながら両手、両足のジワジワした感触を味わいながら、ゆっくりとクールダウンしましょう。眼の筋肉も相当に働いています。しっかりと微笑んだ目でアイコンタクトできましたか？

また、喋る・聞く・足踏み・手叩き・眼の動きなどの運動で、脳もしっかりと働き活性化されています！

★たった5分あれば、ボールコミュニケーションで健康になれます！

ボールコミュニケーションは習慣化がカンタン！

「その場足踏み」「その場ジョギング」を取り入れる「おかっちボールコミュニケーションOBC」を習慣化することによって、たったの5分で心身共に健康になり、脳も鍛えられます。運動習慣を身につけたい気持ちがあっても、なかなか実行できない人は多いと思います。仕事が忙しい、どんな運動がいいのかわからないなど、理由はさまざま。少し億劫な気持ちが邪魔をすることもあるでしょう。

そんな方には、誰でも・いつでも・どこでも・カンタンにできる気軽なインドア運動習慣がおススメです。一回の運動時間はたった5分程度（もっと長時間できる人は更に効果的）トレーニングウエアも必要なしです。すぐにでも始められます。ちょっとした工夫をすれば習慣化もカンタンです！

運動習慣を身につけたいと考えている人すべてが、運動を得意とするわけではありません。「そもそも運動は必要なの？」と自問自答することもあるでしょう。

とはいえ、健康のためにはどんなに忙しくても運動する時間を設けることがとても大切なのです。その理由は、有酸素運動が脳を鍛えてくれるから。

京都大学名誉教授で大脳生理学の権威である久保田競先生によると、人間の脳を構成するニューロンを成長させ、シナプス（ニューロン同士のつなぎめ）の数を増加させるカギは、ランニングなどの有酸素運動であるとのこと。「端的に言って、走れば頭は良くなります」と同氏はいいます。

運動によって成長ホルモンが出ると、ＩＧＦ－１という成長ホルモンを助けるホルモンが分泌され、それが脳内へ入ります。するとＤＮＡに働きかけＲＮＡ（リボ核酸）が作られ、脳内にＢＤＮＦ（脳を成長させる肥料のようなもの）が生成されるのです。それでニューロンやシナプスが増えて脳が新しい機能を持ったり、学習や記憶の効率が上がったりするわけです。なお、脳は大きくなっても再構築され、機能を残したまま小さくなるとのこと。いくらでも発達できるようになっているのです。つまり、有酸素運動で、いくらでも頭は良くなれるということです！

「やはり走らないとダメ？」

久保田競氏が一週間続けて運動した人の脳を調べたところ、早歩き（時速5キロ）で働いたのは脳の運動を司る領域ですが、時速9キロでは前頭前野のワーキングメモリー（短期記憶や情報分析、計画を立てるときにつかう）にあたる領域が働くようになったとのこと。つまり、運動で脳を鍛えるためには、ゆっくり歩くより軽く走るほうがベストなのです。でも、「それなら毎日ジョギングしましょう！」と始められるくらいなら、とっくに始めていますよね。頭がよくなるというモチベーションでやる気が起こっても、億劫さは消えません。しかも、ジョギングには爽快感があるけど喋ったり、笑ったり微笑みながする運動ではありません。おかっちボールコミュニケーションOBCは笑顔と笑い声が溢れ、そしてコミュニケーションがとれる運動です！

おかっちキーワード

「毎日ジョギング」は難しそう

有酸素運動なら脳を活性化が可能

ちなみに、久保田競氏は脳の働きをさらに効率よく高められるよう、できるだけ頭をつかいながらエクササイズすることをすすめています。そのほうが、前頭前野の働きがよくなるからです。そのため、屋内よりも人の往来や障害物に気をつけなければいけない屋外で走ることを推奨しているのです。

しかし、膝を手術した経験がある人は、なかなか外で走ることが難しい場合もあります。それに、そもそも「ジョギングするくらいなら脳が働かなくてもいい」と思うほど、ジョギングが苦手な人が多いのも事実です（笑）。

でもだいじょうぶ！　久保田競氏は有酸素運動であれば、水泳・体操・ヨガなどのエクササイズでもいいと述べています。運動することにより脳が大きくなると、最大酸素摂取量（消費量）が増加します。脳が老化するいちばんの原因は最大酸素摂取量が減ること。要は有酸素運動なら脳を活性化できます。

※脳が老化する原因は酸素摂取量が減るため

おかっちキーワード

おかっちボールコミュニケーションOBCでだいじょうぶ！

★「その場足踏み」の工夫こそがボールコミュニケーション！

「その場足踏み」は効果抜群！

そこでおすすめしたいのが、「その場足踏み」です。

「すぐにできて効果抜群のその場足踏み」

「その場足踏み」とは文字どおり、その場で移動せず足踏みによってジョギングする方法です。「エアジョギング」とも言われています。「エア」とは言うものの、歩行開発研究所所長で、関西医科大学名誉教授の医学博士・岡本勉氏らの著書『ニューエクササイズウォーキング』によると、「その場足踏み」をおこなうと下肢筋（腓腹筋・内側広筋・大腿直筋・大腿二頭筋・大殿筋・中殿筋・長内転筋）と、躯幹筋（仙棘筋上下部・腹直筋）に強い放電が認められるとのこと。つまり、それらの筋肉がすべて強く使われているのです！

実際に「その場足踏み」をおこなった際、たった5分間でも想像以上に筋肉を使い、かなり心拍数も上がりました。九州大学名誉教授の小宮秀一氏は、筋肉が収縮するためには酸素が必要なので、酸素摂取量は運動強度と比例すると伝えています。もちろん心拍数も酸素摂取量に比例します。たった5分間ですが、そのたった5分の「その場足踏み」でも、十分な有酸素運動であることが確信できます。要は、その場足踏みを習慣化する工夫さえすれば、健康を維持することが可能となるのです♪

※この工夫こそが、誰でも・いつでも・どこでも・カンタンにできるユニバーサルデザインのすべてを含む「ボールコミュニケーション」です！

5分間ボールコミュニケーションをするだけで、血流がよくなってポカポカするので、酸素が身体中に運ばれていると実感できます。それが仕事の前でしたら、仕事の効率も驚くほどよくなったことが実感できるでしょう。お昼休みにでも簡単にできとても良いコミュニケーションがとれます。身体を動かすことは、本当に大切です。エネルギー消費を高めるだけでなく、筋肉や内臓を強くしたり、脂肪の分解を促進したりすることにも一役かっています。それほどボールコミュニケーションは良いことずくめです！

おかっちキーワード

おかっちボールコミュニケーションOBCでだいじょうぶ！

参考資料

★消費カロリー一覧

その場足踏み　30分間　80キロカロリー

その場ジョギング　30分間　140キロカロリー

ジョギング（移動しながら走る）210キロカロリー

野球　30分間　131キロカロリー

サッカー　45分　276キロカロリー

水泳（平泳ぎ）10分　88キロカロリー

太極拳　30分間　105キロカロリー

（速く）階段を上がる　30分　231キロカロリー

階段を降りる　30分間　92キロカロリー

入浴　30分間　87キロカロリー

掃除　30分間　100キロカロリー

料理　30分間　66キロカロリー

（座って）子どもと遊ぶ　30分間　66キロカロリー
（立って）子どもと遊ぶ　30分間　74キロカロリー
徒歩（買い物など）　20分間　70キロカロリー
縄跳び　10分間　100キロカロリー
自転車　15分間　80キロカロリー
速足歩き　20分間　100キロカロリー
読書（座って）　30分間　34キロカロリー

最後に今一度、なぜ、おかっちボールコミュニケーションＯＢＣが大切なのかを簡潔にお伝えします。

・デジタル化社会だから
・外遊びが更に減少するから
・家庭教育力が更に低下していくから
・子どもへの無関心増加
・学校以外での集団活動の希薄化が進むから
・コミュニケーション力の低下が著しいから

では、何のために、おかっちボールコミュニケーションＯＢＣが必要なのか。

それは、

respect the children

子どもが主役だからです。

子どもの将来、子どもの未来を明るく照らすことが、大人の役割です。そのために、**いつでも・どこでも・誰でも・カンタンにできるボールコミュニケーション**として、おかっちボールコミュニケーションＯＢＣを活用してほしいのです。もともと、おかっちボールコミュニケーションＯＢＣで使っているボールの特性は、

・丸い
・転がる
・自分の身長よりも高く上がる
・走るよりも速い
・弾む
・身体のあらゆる部分で遊べる

だから小さな子どもはボール遊びが大好き。そして競技ではないから好きになって楽しいのです。**ユニバーサルデザインを全て含んでいるおかっちボールコミュニケーションＯ**

BCは、今後更に増加していく発達障害の子どもたちの療育にも最適です。

また、五感を通じて身体と脳（右脳、左脳）を刺激することによって、発育促進や健康維持に、全世代で楽しみながら取り組んでいただける生涯スポーツです。

最後に、全国の親、大人、指導者、先生、保育士、介護士、理学療法士など多くの方にボールコミュニケーションを知ってもらい、ボールコミュニケーションを導入してもらうことを、おかっちは切に願っています。

respect the children

子どもが主役だから！

二〇二〇年十二月

おかっち

岡本　真（おかもと　まこと）

1963年広島県尾道市生まれ。幼少期よりサッカーを始める。広島城北高校から国士舘大学へ進学。宮澤ミシェル、柱谷哲二らと1982年に全日本大学サッカー選手権大会優勝。卒業後はフジタサッカークラブでプレー。1988年には広島県代表として国民体育大会で優勝。現在は一般社団法人日本コミュニティ協会JCA代表理事。【子どもを伸ばす3つの魔法】と題した子育て支援事業講演会を全国各地で展開している。論理的思考力やコミュニケーション力を向上させることが、スポーツや学習など、あらゆる場面で子どもたちのスキルアップにつながることを説いている。TBS系列で不定期に放送されているスポーツ・エンターテインメントの特別番組、「SASUKE」に出場経験がある。

日本サッカー協会公認A級コーチジェネラル
日本サッカー協会公認A級U-12コーチ

Facebook　https://www.facebook.com/makoto.okamoto.121
Twitter　https://twitter.com/4makoto9
Instagram　https://www.instagram.com/sports.club.nice2007/
YouTube　https://www.youtube.com/channel/UCsQWRsaS0D_hW7ZrAGEO68g
一般社団法人日本コミュニティ協会　https://j-com.jp/
一般社団法人日本コミュニティ協会Instagram
https://www.instagram.com/jca20170901/

ウィズ・コロナ時代に子どもの未来をつくる、子育ての大切さ

世界一知りたい子育てノウハウ

おかっちのこれでだいじょうぶ！

だいじょうぶ！

発行日　2020年12月4日　第一刷発行

著　者　岡本　真

編　集　渡辺末美（イマジン・イマジン）

発行人　籠宮啓輔

発行所　有限会社太陽出版

〒113-0033　東京都文京区本郷4-1-14

電話 03-3814-0471／FAX 03-3814-2366

印刷所　有限会社米子プリント社

〒683-0845　鳥取県米子市旗ヶ崎2218

電話 0859-22-2155／FAX 0859-22-2157

撮　影　種田宏幸　たねだ写真店（集合写真を除く）

キャラクターデザイン　サイコロヘアー

Printed in Japan　ISBN 978-4-86723-013-8